名师名校名校长

凝聚名师共识
回应名师关怀
打造名师品牌
培育名师群体

回到育人的原点

—— 基于问题驱动的小学数学
"说理"课堂的实践研究

邹瑞荣 著

西安出版社

图书在版编目（CIP）数据

回到育人的原点：基于问题驱动的小学数学"说理"
课堂的实践研究 / 邹瑞荣著. — 西安：西安出版社，
2024.5

ISBN 978-7-5541-7559-0

Ⅰ.①回… Ⅱ.①邹… Ⅲ.①小学数学课—教学研究
Ⅳ.①G623.502

中国国家版本馆CIP数据核字（2024）第106170号

回到育人的原点——基于问题驱动的小学数学"说理"课堂的实践研究
HUIDAO YUREN DE YUANDIAN JIYU WENTI QUDONG DE XIAOXUE SHUXUE
SHUOLI KETANG DE SHIJIAN YANJIU

出版发行：西安出版社
社　　址：西安市曲江新区雁南五路 1868 号影视演艺大厦 11 层
电　　话：（029）85264440
邮政编码：710061
印　　刷：北京政采印刷服务有限公司
开　　本：787mm×1092mm　1 / 16
印　　张：14.75
字　　数：244千字
版　　次：2025 年 3 月第 1 版
印　　次：2025 年 3 月第 1 次印刷
书　　号：ISBN 978-7-5541-7559-0
定　　价：58.00 元

△本书如有缺页、误装等印刷质量问题，请与当地销售商联系调换。

前　言

回到育人的原点

那年，通过一本《做一个讲道理的数学教师》我认识了罗鸣亮老师，似乎也找到了一个追寻"明师"的方向。这些年，我也尝试着一点点走近"说理"课堂，从"为何说理""说何种理"和"怎样说理"等角度回到育人原点的小学数学课堂新样态——"说理"课堂。

一是站在儿童的立场，直面学习真过程。"说理"课堂引发了我们对日常教学行为的反思，教学不应该是教师一厢情愿地要"教给学生什么"，教师需要读懂儿童心中的"十万个为什么"，因为儿童是有独立思想、独立意识的个体，好奇、好问、好说是儿童的天性。"说理"课堂是充分尊重儿童天性的教学。在"说理"课堂上孩子有充足的时空能提出心中的真困惑，"说理"课堂是教师陪伴儿童经历磕磕绊绊的学习过程，让学生自主构建知识的过程，质疑、赞同、补充、反对是"说理"课堂儿童学习的常态。善表达、能倾听、乐接受是"说理"课堂中成长起来的儿童应有的样子。"说理"课堂不是冷冰冰的知识演练场，而是有温度、有成长的良好育人环境。

二是转变教师角色，把课堂还给学生。"说理"课堂要求教师走下讲台，彻底转变教师一人掌控课堂的局面。它要求教师把学习的责任还给学生，并以组织者、引导者、合作者的姿态参与到学生的学习活动中。教师应在充分了解学生、深入解读教材后，多维度地设计出有价值的话题、问题或活动；再利用这些任务驱动学生先独立思考，再合作交流……在一次次的思维碰撞中，让学生不断修正自己的认识，自我澄清学习错误，从而逐步达到自主构建数学知识、发展学习能力的目的。

三是彰显学科特色，培育理性精神。数学是研究数量关系和空间形式的科学，具有抽象性、精确性和广泛的应用性。"说理"课堂的气质与数学学科特征高度吻合。在"说理"课堂上，学生的学习是通过"思考、表达、倾听、辨析、交流、反思、再表达"逐渐完成的。这样的学习过程一定是伴随着冲突、矛盾、论证和说服的。在这样的课堂上，充满着有依据的猜测、有根据的选择、有证据的说服，这无处不彰显着数学学科的理性精神。不仅如此，我们还应该让数学教育的触角延伸到课外，通过以数学学科为载体的综合实践活动促进儿童数学思维品质的发展和理性精神的培育。

在这样的"说理"环境中浸润、成长起来的儿童，必将拥有更独立的思考力、清晰的表达力和良好的合作力。愿我们的数学教育能够回到育人的原点，培育出更多具有数学素养的现代公民。

邹瑞荣

2023年12月

目 录

绪 论

基于问题驱动小学数学 "说理"课堂的实践研究

一、研究背景

（一）实践背景

2018年12月我校有幸成为教育部重点课题——"基于深度学习的小学数学'说理'课堂的实践研究"的实践单位，根据课题分工，我校于2018年12月成立"基于深度学习的小学数学'说理'课堂的实践研究"课题组，由此拉开我走进"说理课堂"的序幕。在说理课堂教学理念的引领下，我重新审视自己的课堂及小学数学教育的现状，发现如下几方面的问题。

1. 数学课"教什么"——重结果轻过程

在以往的数学教学中，教师往往十分注重单一课时知识技能的教学，十分关注学生知识的获得情况，视线更多聚焦在学生是否会解题、是否会像教材呈现的那个样子来解题，更多地关注学生对于教材所呈现的知识内容是否掌握，如能否记住3的倍数特征，能否运用3的倍数特征判断一个数是不是3的倍数，却不太追究3的倍数特征背后所隐藏的道理，忽视引导学生思考"为什么判断一个非0自然数是不是3的倍数需要看各个数位上数字的和是不是3的倍数"。在教学多边形面积计算公式时，我们更多关注的是学生能否记住公式，能否熟练运用公式解决实际问题，却忽视对于公式来龙去脉的探索。因此，教师对数学"教什么"的定位更多停留在知识呈现的结果，更多地停留在"是什么"的层面，从而导致数学课堂教学的内容停留在表面，忽视对知识的本质、来龙去脉的研究，学生的数学学习呈现"知其然而不知其所以然"的浅表性学习的样态。

2. 数学课"怎么教"——关注"教"忽视"学"

学生数学知识的获得过程，更多来自教师的讲授或者是在教师主导下的"伪自主学习"。当教师在进行教学设计的时候，往往更注重思考"教师要怎么讲学生才能听得更清楚""教师要怎么示范学生才能一目了然""教师要创设怎样的情境才能与众不同，才能快速点燃学生的学生热情"等问题。教师在教学设计的过程中，始终聚焦在自己身上，对学生的主观感受关注明显不足，对学生自我内驱力的激发关注明显不足，对学生真实的学习样态、学习历程关注不足，研究不深。

3. 数学教学——重单一知识点教学轻综合实践应用

数学教师对于数学教学的眼光始终聚焦在每一学期、每一单元、每一课时知识点的单一教学上，关注点始终在单一知识是否过关，对于数学教育的眼光更多地封闭在有限的40分钟的常规课堂教学上，还不能站在学科育人的立场审视我们的数学教育教学工作。时代发展对人才培育提出了新的要求，数学教育如何为学生提供更多更适宜探究与应用的课程内容，以提高学生的应用意识和创新能力呢？

为了更好地解决如上问题，我校以课题组为载体，开展了一系列以育人为导向的数学学科教学实践研究。课题组共有成员15名，涵盖全校6个年级备课组，课题组成员中有高级教师1名，省级学科教学带头人1名，市级学科教学带头人2名，市级骨干教师3名。课题组于2019年5月申报市级课题，同年8月该课题被漳州普通教育研究室批准确定为2019年市级重点课题，并推荐参选省级课题，2019年10月经福建省普教室批准立项，成为2019年度福建省基础教育课程教学研究实验课题（课题编号：MJYKT2019-063）。

（二）理论背景

1. 让数学学科教学回到育人的原点

《义务教育数学课程标准（2022版）》明确指出：数学课程作为义务教育阶段的核心课程，具有独特的育人价值。我们应当努力通过数学学科教学为国家培育具有数学素养的合格公民，为培育未来社会所需要的公民做准备。通过数学课内教学形式的转变，促进学生核心素养的提升，更重要的是通过打通数学课内外的联系，以"小课题"研究为抓手，开展主题式数学学科综合实践活动。站在育人的高度看待数学学科教育，倡导认真听、积极想、动手做等多样化的学习方式，充分抓住数学学科具有的抽象性、严谨性和广泛的应用性的特点，发挥数学学科教育在培育学生理性思维等方面的特殊作用，提升学生的综合素养。

2. 转变学生数学学习方式

《义务教育课程方案（2022版）》倡导构建新型的以学习为中心的课堂，让学习成为课堂的中心，要相信并且充分挖掘学生的学习能力，让学生的学习真实地发生。具体落实为构建基于问题驱动的小学数学"说理"课堂，建立互相尊重、平等交流的"对话"式课堂，探索促进学生运用数学的思维方式进行思考，发现、提出问题和分析、解决问题的有效途径与方法。通过说理课堂的构建，一方面促进教师对教学内容的深度解读，让"教什么"更多地指向数学知识的本质，让我们的数学课堂有更多一分"明数理"的味道。另一方面，在说理课堂践行的过程中，从提问、倾听、思辨、表达、交流等多角度培养学生的学习能力，让学生立在课堂的"正中央"，成为课堂的主人。

二、研究内容

（1）从"数与代数""图形与几何""统计与概率""综合与实践"4个领域进行研究，探索每个领域的数学课提炼、设计核心问题的方法与路径，归纳出提炼"核心问题"提出的一些基本做法。

（2）探索"核心问题驱动下的说理课堂"教学一般程序或框架，实践思考包括课程设计、教学原则、师生活动结构、方式、手段等方面的课堂实施要素。

（3）多角度、多路径尝试探索提升学生核心素养的数学学科主题活动范式，积累数学学科主题活动的素材及实践经验。

三、研究过程与方法

（一）前期准备

（1）开题准备：2018年11月至12月，组织课题组成员学习"说理课堂""深度学习""讲道理教学"等相关的基本理论，设计问卷调查表，对参与实验的教师及任教班级的基本情况做好前测工作。进一步明确各成员的研究任务与职责，讨论和确定课题的整体研究方案和近期实验任务。

（2）理论研讨：2019年1月至2月，组织课题组成员编写1~6年级下册各新授课的核心问题，应用对比研究策略，分年级对比各版本数学教材中的重点课题进行同课教学内容的对比研究，并记录异同点，初步提出各年级下册重点课题的"核心问题"及"教师导向问题"。

（3）聚焦思考：

① "核心问题"应具备哪些基本特征？

② "教师导向问题"与"核心问题"之间有什么关系？

③ 网络教研：2019年1月至2月，建立课题研讨工作群，在以后长期的课题研究中将有关材料上传至工作群交流，并有计划地组织网上专题互动问答讨论

活动。

（二）理论学习，立足教材初探核心问题

（1）编写1~6年级下册"数的认识"领域及5年级下册全领域的核心问题，形成"核心问题集"（初稿）。我们将在2019年初，收集汇总课题组成员各自编写的核心问题，以纵横两条线编写"小学数学一至六年级下册'数的认识'领域核心问题集"和"小学数学五年级下册核心问题集"的初稿。

（2）探索基于问题驱动小学数学"说理"课堂实施的方法和策略。核心问题集的形成只是解决了数学课堂"讲什么"的问题，2019年上半年我们将以课堂为载体，聚焦"怎么讲"，研究问题驱动的说理课堂的实施策略。根据分课题的具体分工要求，我们将从1~6年级"数的认识"和5年级全册这两部分，引领学生在充分理解数学本质的基础上，开启真正意义上的深度学习，提升学生的数学说理能力，培养学生的理性精神，促进学科素养的提升。

（三）多元探索，着眼学生实践说理课堂

2019年10月课题实施进入全面推进阶段。我们以提炼核心问题、实施说理课堂和开展学生说理活动为主线开展课题实践与研究。

1. 推进核心问题的编写、实施和修订

我们对第一阶段初步完成的核心问题，进行收集、反思、提炼和修订。逐步形成从数学本质、认知困惑、学习能力3个维度提炼核心问题的思路，深入思考了"什么是核心问题"及"如何提炼核心问题"等问题。课题组负责人邹瑞荣老师根据本校教学实际情况提出核心问题应当指向学生的实际需要，应该指向学生的学困处，她建议立足课堂，注重捕捉学生在课堂生成的问题，提出"于学困处挖掘核心问题"的研究思路，逐步寻找到立足教材、基于学情、沟通联系的提炼核心问题的基本路径，初步完成核心问题的提炼。

2. 实施说理课堂，提升学生数学素养

为了更好地落实核心问题在课堂教学中的运用，课题组成员在实践中逐步总结出基于问题驱动小学数学说理课堂的教学步骤。

（1）创设情境（也可课前预习、复习旧知唤醒经验）。

（2）提出问题（提出2~3个核心问题，可集中提出也可分层提出，问题最好由学生提出）。

（3）自主学习（针对每一个核心问题设计1~2个数学活动，突破教学重难点）。

（4）合作交流（自主学习后的交流讨论，对重难点进行梳理概论，着重体现"说理课堂""深度学习"的特征，不仅要体现教学知识"是什么"，还要体现"为什么"，本环节的关键是要设计能体现促进学生说理能力发展的教学方式）。

（5）巩固练习（从基础到提升分层练习）。

（6）拓展提升（更多的是侧重学习方法和学习经验的积累与提升）。

以上是基于问题驱动的说理课堂教学的一般流程，在这个大的框架下，教师可以根据教学实际对环节进行适当的增减。我们始终坚信课堂是教学研究的落脚点，所有的教学研究都要经得起课堂教学的检验。课题组围绕关键问题"如何培养学生说理能力"，拟从学生说理习惯的培养、说理方法的指导、促进说理形式的多样化这3个角度来推进课题研究工作。课题组全体成员，根据个人教学的实际情况，拟定出各班说理课堂"学生说理的规则"，搭建出各班说理课堂"学生说理的脚手架"和教师引导说理"言语脚手架"，着重从学生的倾听能力和表达能力这2个维度具体落实学生说理能力的训练和培养。

在实践中，我们始终把学生的发展放在首位，把育人当作课题研究的首要目标。针对说理课堂的育人目标及教学要求，有侧重地把学生的表达力和倾听力的培养放在学生数学核心素养培养的首要位置。为此，课题组老师精心研制了"学生言语脚手架"和"教师言语脚手架"，真正把学生表达力的培养落到实处。

各实验班级还根据班级的特点及学生的年龄特征制定了班级倾听力培养小目标和训练小策略。

3. 营造良好说理氛围，家校共建多渠道开展学生说理活动

从2019年开始，课题组一方面以校本课程数学嘉年华为平台，每年举办一届"龙师附小争当讲理好龙娃小学生数学说理大赛"（以下简称"讲理好龙娃"说理大赛），以校本课程的形式建立了比较完善的比赛制度。比赛通常分为两个阶段进行。

第一阶段：每班选派5位选手参加争当"讲理好龙娃"说理大赛的预赛。预赛采用纸笔测试的形式，每位选手需在30分钟内完成两道分别关于"数与代数"和"图形与几何"的说理题，评委老师从说理是否"言之有物""言之有序""言之有力""言之有理"这几个角度出发，根据选手的答题情况进行评分，然后选出前6名选手参加决赛。

第二阶段：各年级由16名在初赛表现突出的"说理精英"组成的"龙娃评理团"与进入决赛的6位选手展开一场关于"数"、关于"形"的现场展示，并评选出"讲理好龙娃"金、银、铜奖。

另一方面，每年暑假开展"龙娃说理征集活动"，面向全校学生开展说理征集活动，鼓励学生自愿报名参展。

通过这些系列活动的开展，营造了良好的说理氛围，极大地调动了学生说理的积极性，让学生拥有了更多展示个人风采的机会，也让学生充分感受到了数学学习的魅力。

（四）修正推进，提炼策略与方法

本阶段课题研究重点是通过实验教师的课例研讨，通过观课、议课等活动，以及通过做出课堂教学实录，精细化分析课堂中学生提问及教师提问情况，再通过对问题的分析与诊断，采用对问题的"删除""合并""替换"等具体的方法修订核心问题，提升核心问题的质量，同时也逐步总结梳理出立足教材、基于学情、沟通联系等提炼核心问题的方法与策略。

说理课堂引发了我们对日常教学行为的反思，通过说理课堂实践，我们更深刻地意识到儿童是有独立思想、独立意识的个体，好奇、好问、好说是儿童的天性，说理课堂正是充分尊重儿童天性的教学方式。在课堂实践的同时，我们也在努力探索提升学生说理能力的方法与策略，思考评价学生说理能力的指标。

（五）总结反思，梳理成果查找不足

1. 静悄悄的变化——课堂

随着教师对深度学习和说理课堂的认识的加深，我们的课堂也在悄悄发生着变化，课堂上教师对学生主体地位的关注显然更多了，课堂上更加相信学生、尊重学生的想法，教学方式也在悄悄地发生着变化。

2. 看得见的变化——学生

通过课题研讨活动，通过有针对性的课堂制度建设，学生的学习方式也得到了一定的转变，学生从不敢说、不会说，到逐渐敞开心扉，变得爱说、会说，逐步形成说理的习惯，掌握一定的说理方法。通过"讲理好龙娃"说理大赛集中展示了学生的说理能力和水平，促进学生和家长进一步关注对说理能力的培养。

3. 听得见的变化——教师

通过课题研讨活动，促进教师的专业成长，能听得见教师成长"拔节"的声音。全体成员都完成了相应的学习任务，积极参与各类研讨活动，交流、说理已成为业务学习的良好习惯。

第一篇

站在儿童的立场，
直面学习真过程

第一章　把课堂还给学生

还什么给学生

一、把提问的机会还给学生

主要问题

数学课堂上主要存在学生"没问题"、学生有问题却"不会问"和学生有问题却"不敢问"这3大问题。

对策

1. 教方法

针对学生发现不了问题，提不出问题的现状，我主要教给学生以下3种发现问题、提出问题的方法。

（1）对比新旧知识，找异同提问题。

通过对比不仅仅能帮助学生理清新旧知识的异同点，便于掌握新知识，也有助于学生梳理知识之间的关系，形成更清晰的知识体系，并能促进学生总结出知识的内在联系、脉络、结构，形成整体理解，同时能更好地理解哪些地方是学习的关键，提高学习效率。

（2）联想相关知识，变换关键词提问题。

所谓"联想相关知识，变换关键词"就是学生在学习的过程中，通过联想，找相似、相关的知识点，变换结论或已有问题中的关键词，进而提出新问题。

（3）追根溯源，追问"为什么"。

在教学过程中，我们要经常追问学生"为什么这样做""为什么是这个结果""为什么是对的？为什么是错的"等问题，帮助学生养成"深入学习"的习惯，培养学生"知其然，也要知其所以然"的好学精神。

2. 给机会——化"不会问"为"问不停"

（1）运用提示语——逐步实现从"扶"到"放"。

对于低中年级的学生，在教学的关键点我们可以借助课件或者板书给出提问的相关提示语，让学生"续说""续问"，逐步过渡到学生自主提问。

（2）给足时间和空间——让学生"有备而问"。

学生发现和提出较高质量的问题，往往发生在自主学习、独立思考、自我反思之后。所以，我们应该给足学生思考的时间和空间，让学生"有备而问"。

3. 常认可——化"不敢问"为"很想问"

如何让班级的每一个学生都"很想问"？教师和同伴的认可尤为重要，当学生提出问题时，我们理解、善待、珍惜每一个发现，放大精彩问题，让它成为课堂学习的资源，让提问者获得成就感。

二、把思考的空间还给学生

主要问题
问题多且细，思考碎片化。

对策
（1）提炼核心问题，以"大问题"统领课堂。
（2）整合教学环节，进行板块式备课。
（3）教师退，学生进。

三、把学习的时间还给学生

主要问题
"学生没有自主学习的时间"

对策
1. 减少不必要的教学环节，省出时间给学生
在教学过程中，来自生涩的情境，没有实践、缺乏思考的猜测往往是"瞎猜"，往往无效且浪费时间，像这样的环节就可以删除，省出时间给学生。

2. 减少教师无效言语时间，省出时间给学生
所谓"教师无效言语"，就是学生已经知道的（包括大量的教师重复学生的发言），学生不需要知道的（有些是讲给评委、听课老师听的话），还有讲了学生也听不明白的（拔高学习要求的内容），以上这几类语言我们都尽量不讲或者少讲。

3. 提升学生表达力，增加学生表达的时间

具体做法：搭建师生说理、表达脚手架。

四、把评价的权利还给学生

主要问题

学生作为评价的主体，学生说得对不对，学生学得好不好，学生说了算。

对策

（1）以评促学。

（2）建立生生互评、学生自评、教师点评的评价样式。在师生多向互动评级过程中，逐步把评价的权利还给学生。

怎样还给学生

我们可以通过"忍、等、退、变"四个方式把课堂还给学生。

一、忍——不干涉

画面回放

课堂上，学生在完成学习单，教师报着嘴略显尴尬地在课堂中巡视，几次欲言又止……

画外音

尴尬是因为我一直在做一件事情——"忍"，我要忍住说话的欲望、提示的欲望和表达的欲望。

曾经，我的课堂"想一想"就是三、五秒走个过场，然后再抛出具体的、细致的学习要求，让学生按要求做。罗老师要求我把课堂还给学生，就是不要过多地干涉学生，要把思考的空间留给学生，让学生根据自己的真实想法来探究、来学习。这个过程必然不是一帆风顺的，真实学习的过程一定是曲折的，一定是有错误、有纠错的。

二、等——还时间

画面回放

接下来，教师用了7分钟的时间让学生自主探究，而她做的唯一一件事情就是等，耐心地等待。

画外音

曾经我也等不了。记得，我在"明师之道"第一次上这节课的时候，上到这个环节，操作的前几分钟，我看到全班学生都用同一种推导方法，用两个完全相同的梯形拼时，我的第一反应就是假装参加小组交流，偷偷告诉学生，还可以用一个梯形来剪拼……但是，当我刚产生这种念头的时候，我发现听课的专家已经进入课堂在学生中间观察小组讨论的情况了。我只好硬着头皮让学生先把第一种方法展示出来，结果几分钟后，学生居然也陆陆续续地找到了另外几种公式推导的方法。那一刻，我明白了学生需要的其实是时间！如果说，在"明师之道"的公开课我是被迫选择了相信学生，那么现在这节课我就是由衷相信学生。

三、变——向全体

画面回放

教师说："我们一起来看看，你能看懂几种方法？"

画外音

以往进行这个环节的教学，我通常的做法就是展示、汇报。这次，我们改变了提问的方式，提出了新的问题"你能看懂几种"。这样一个面向全体的问题，迫使每一个学生去关注每一种想法。我们要把课堂还给学生，就应该努力把课堂还给每一个学生。

四、退——要相信

画面回放

学生经过了接近3分钟的交流，开始进行汇报。

画外音

在这个环节中，我几次试图介入学生的交流，但总感觉插不上嘴。我感觉这个环节的教学其实是最难的。当时，罗老师在听完我的试教后，在微信上语音留言："邹瑞荣你退、退，让学生进、让学生进、让学生进。"罗老师那急切的连说3遍的"让学生进"，深深印在我的脑海中。把课堂还给学生，一定要做到"教师退"。

学生互动良好，思维活跃，自主且踊跃地表达，有些老师会质疑："这是学生真实的样子吗？"有的老师甚至问我学生怎么会说出"转化""拼合""割补"这些很专业的术语。我可以肯定地说，这就是学生真实的样子。

这是4年级的学生，他们的原任课老师帮我补上了"垂直与平行""梯形各部分名称、画高"两课，然后，我自己用了接近3课时补上了"平行四边形和三角形的面积"。"转化"是不是"平行四边形"要教的？"剪拼""拼合"在"三角形的面积"这节课会不会教？当然会！这就是学情。基于对学情的深度研判，我们就能大胆地"退"，真正做到"敢放手"。

在教师退的同时，我们该如何做到让学生进？

教师们不知是否注意到，上来汇报的学生语言上有什么共同点？

以往的课堂，学生往往是汇报后就直接看老师，期待从老师那里得到或肯定或否定的答案，老师似乎也习惯了迫不及待地追问。而学生在课堂上高频出现的"你们同意吗""你还有哪些问题"这两句话，其实是我们有意识提供给学生的交流"脚手架"。在教"平行四边形和三角形的面积"时，我就是引导学生这样表达、这样交流的。所以，在"梯形的面积"这节课，不需我再做过多的提示，学生就已经能够很自然地进行对话、交流了。我们要把课堂还给学生，就要让学生掌握"进"的能力，我们如果能够站在提升学生的学习力的角度，下力气提升学生的表达力、对话力和提问题的能力，学生就能够接得起我们"还回"的课堂。

第二章　让好问题"燎原"

如何培育学生发现问题的能力

我们在教学过程中，如何创造恰当的条件、在合适的时机激发学生提出聚焦"除数是整数的小数除法"算法与算理的真实问题呢？笔者以人教版5年级上册第3单元例题1"除数是整数的小数除法"的教学为例，谈几点看法。

教学片段

师：今天学习除数是整数的小数除法，同学们会列式吗？

生：会。

师：22.4÷4是除数是整数的小数除法，同意吗？

生：同意。

师：会列竖式计算吗？

师：拿出学习单，试着在学习单上列竖式算一算。

生独立尝试列竖式计算。

师：同学们请看这两个竖式，你对这两个竖式计算有什么疑问吗？

停顿、等待。

师：你有什么问题想问？

生：为什么被除数上面要加一个点？

师：还有吗？你说。

生1：第二步那一边是应该写2.4还是24？

师：计算过程中要不要小数点？

生2：0是一位数，要写在个位上，可为什么这里要写在十分位上？

生3：计算过程中每一步表示什么意思？

师：很好！刚刚同学们大胆地提出了自己的问题。

课堂一开始，学生经历了两分多钟的尝试列式之后，提出了不少问题，我觉得这些问题能高质量地指向本节课教学的重难点，同时也比较真实地表达了学生在竖式计算过程中的困惑。那是不是任何教学设计学生都能够提出这样高质量的数学问题呢？回顾磨课的历程，答案显然是否定的。让学生提出困惑这教学环节我们曾做了几次尝试，正是这几次尝试让我们对于"怎样的教学设计更能促进学生提出真实困惑"就有了更深的思考。

磨课初期，我们在学生完成前测单后，让他们自主提问。

学生没有阅读教材，仅凭课题和自己已有的经验，提出的问题大体集中在"小数除法有什么用""小数除法怎样算""为什么要学小数除法"这类浮泛的问题。

磨课的第二阶段，我们尝试让学生自己通过阅读教材，看书上的例题，自主学习后进行提问。我们对学生提出的问题进行梳理，大致可以分为以下3种类型。

第一类："怎么做"

（1）小数除法怎么算？

（2）小数除法可以看成整数除法吗？

第二类："为什么"

（1）为什么要学小数除以整数？

（2）为什么要这样算？

第三类："有什么区别"

小数除法与整数除法有什么区别？

第四类："有什么用"

小数除以整数有什么用？

面对这些问题，我们在思考这样的问题能否放到课堂上，让学生来进行研究。这些问题好不好？值不值得在课堂上组织学生研究？当然，我们不能说这些问题不好，这些问题也能开拓学生的视野，促进学生思维的发展，但当我们冷静思考之后就会发现，这些问题仅仅来自学生的思维惯性，就算学生没有看过教材，没有预习，当我们给出学生一个课题，比如两位数乘两位数，大多数学生也可以不加思索地提出"两位数乘两位数该怎么算""两位数乘两位数为什么要这样算"等问题，甚至有些学生还会追问"两位数乘两位数与两位数乘一位数有什么不同？有哪些联系"以及"学两位数乘两位数到底有什么用""我们为什么要学两位数乘两位数"等一系列的问题。孩子提出这些问题需要思考吗？答案显然是否定的。像这样程序化的提问，像这样围绕着"怎么做""为什么这样做"，像这样关注新旧知识对比，关注用途的提问，只要试过一次两次，学生可能就形成了一定的思维定式，提问逐渐机械化，似乎是为问而问。学生并没有经过深入思考，他们拥有的只是提问的小技巧，面对一个新课题的时候，可以快速地提出一堆问题。但在我们看来，这样的问题是缺乏深入的思考，并不能真正指向学生学习的真实困惑的，显然不适合直接放到课堂上，作为课堂学习的焦点让学生去研究，去展开新的学习。

那学生的真实困惑到底是什么呢？我们对照了这一节课的教学目标，从知识层面来说，要达成的目标是理解算理，并在理解算理的基础上掌握除数是整数的小数除法的计算方法。当然我们还希望通过这一节课的学习，使学生沟通小数除法与整数除法之间的关系。在预习课本后学生提出的那些问题显然还不能精准指向这些目标。我们进一步分析了学情，发现学生对于除数是整数的小数除法并不是一无所知，上新课前学生会列竖式，甚至也能主动迁移整数除法竖式计算和小数乘法计算的经验进行计算，一部分学生能够得出正确的商；还有部分学生在除到个位时会有迟疑，因为他之前的知识经验告诉他，商只能是整数，所以面对个位的余数，他不知道"能不能接着除""该怎么往下算"；还有一些学生在算的过程中，把2.4元转化成24角进行计算，他认为商的位置上不用点上小数点；还有一些学生他能够得出正确的商，但对于计算过程中到底"该写2.4还是24""写24到底行不行"是不清楚的。面对这样的一个真实的学情，我们觉得对于除数是整数的小数除法，学生最真实的困惑应该是有余数该怎么办，笔算过程中到底要不要写小数点，要写的道理是什么，不写的理由又是什么，以及竖式计算过程中每一步表示什么意义等。

学生在学整数除法的时候，如果把算理学清楚，自己就能弄清楚整数除法中每一步表示的是什么，比如求的是几个十、几个百或者几个一。当他们有了这样的学习经验,面对除数是整数的小数除法的时候,他们也会想去探究竖式计算的过程中的每一步到底表示什么意义。学生之前又有整数除法和小数乘法的学习经验,在学习小数除法时,他们会主动沟通小数乘法与整数乘法之间的关系。我们认为这些才是这节课应当作为重点解决的学生的真实困惑。根据以上这些分析,我们可以看出学生的种种提问很显然不能很精准指向他们的真实的困惑。分析背后的原因,一方面是学生还不知道自己的真困惑在哪里;另一方面,可能是学生虽然知道自己哪里不懂,但是并不知道该如何表达出来。

面对这样的一些困惑和现状,我们到底该怎么办?

第三阶段,我们调整了学生提问的时机。我们把学生自己预习教材之后的提问变为创设情境,让学生列式自主进行计算。我们不对计算过程提要求,只是让学生自己想办法解决"22.4÷4等于几"的问题,并且请学生把计算过程写下来。当时我们的初衷是让学生去经历计算过程,或许在这一过程中就能体现出真正的困惑。然而我们得到的反馈是怎样的?以下是学生的几种算法。

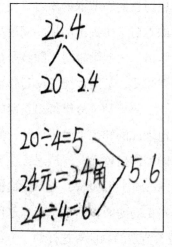
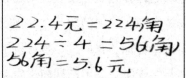

面对这些不同的计算方法,我们在思考学生的困惑是什么?学生能否提出指向算理算法的好问题呢?事与愿违,课堂上学生提出的问题是"能不能算得简单一点儿""能不能有三种不同的计算方法"……学生的关注点更多地聚焦在算法的多样化上,有的学生因为经历了这个解决实际问题的过程,提出的问题是"小数除法在生活中有什么作用",指向解决实际问题,还有一些学生可

能觉得他已经解决了这个问题，因此他觉得没有困惑了。

怎样的教学设计才能让学生提出类似"计算过程中要不要写商""不够除该怎么办""余数该如何处理"这样的真实的问题呢？我们复盘了之前的教学设计，发现由于我们让学生自主选择计算方法，那么学生可以根据已有的经验进行单位换算之后，直接口算出结果；也可以进行单位改写之后，通过整数除法来解决问题；甚至有些学生还懂得把22.4分解成20和2.4两部分，然后分开除完之后再将得数相加，运用他现有的口算经验解决问题。班上相当一部分的学生并没有经历除数是整数的小数除法的竖式计算过程，这应该就是学生无法提出聚焦竖式算法和算理的好问题的根源。

因此，我们再次调整教学设计，明确要求用竖式尝试计算，于是有的学生做到一半做不下去了，此时就能够比较精准地捕捉到学习的困难点；有的学生做到余下2.4的时候，商已经除到个位了，不知道该怎么往下算了；也有的学生勉强算出了计算结果，但是对于商到底要不要点小数点，是没把握的；也有学生正确算出了商，但是对于计算过程中的"24"到底加不加小数点是纠结的……通过教师提出明确要求，使每一位学生都经历了除数是整数的小数除法的计算过程。课堂上真实地呈现了如下算法。

```
      5             5 6           5.6           5.6
   _____        _____        _____        _____
 4)22.4        4)22.4        4)22.4        4)22.4
   30            30            20            20
   ____          ____          ____          ____
   2.4           2.4           2 4           2 4
                 2.4           2 4           2 4
                 ____          ____          ____
                  0             0             0
```

接下来，教师呈现这些素材，学生对各种不同的竖式进行观察对比再提问。此时，学生提出来的问题就很有研究的价值，就比较能够表达他们关于竖式计算的最真实的问题。通过这样多次的尝试，我们意识到想让学生提出真实问题，我们要围绕新授的知识点，让学生先去经历，在尝试中与问题和困惑相遇。

如何培育学生提出问题的能力

"发现与提出问题，分析与解决问题"是《义务教育课程标准（2011年版）》中明确提出的数学课程总目标之一。从强调"分析与解决问题"到不仅仅强调"分析与解决问题"，还强调"发现与提出问题"，是数学课程目标的一个发展，其实质就是重视创新，重视学生创新意识的培养，这已成为基于时代发展要求之下的数学教育的魂，培养学生"发现与提出问题"能力的重要性不言而喻。

但在实际教学中我们经常会遭遇这样的尴尬，当老师问学生"你们还有什么问题吗"或者"关于……知识，你们还有哪些问题不明白"时，学生总会以沉默来表达没有问题。数学课堂上主要存在学生"没问题"、学生有问题却"不会问"和学生有问题却"不敢问"这3大问题。针对这3种情况，我分别采用"教方法""给机会"和"常鼓励"3大对策，切实提高学生"发现与提出问题"的能力。下面我将谈一谈这3种方法在小学数学课堂教学中的实施与运用。

一、教方法——化"没问题"为"有问题"

针对学生发现不了问题，提不出问题和没有问题这样的现状，我们有哪些方法可以帮助学生发现问题、提出问题呢？我主要教给学生以下3种发现问题、提出问题的方法。

1. 对比新旧知识，找异同提问题

当学生在4年级学习"小数加减法"时，教师如果能够有意识地引导学生提出类似"小数加减法与整数加减法有什么相同点和不同点"这样的问题，并且能够明明白白、清清楚楚地告诉学生"对比新旧知识，找异同，可以帮助我们发现和提出更多值得研究的数学问题"；当学生在5年级学习"分数的基本性质"时，注意引导学生思考"分数的基本性质与小数的基本性质有什么异同点"……如此反复的引领，学生6年级学习"百分数的认识"时，提出"百分

数与分数有什么异同点"；学习"比例"时，提出"比例与比有什么相同点和不同点"等问题就一定是水到渠成的事情了。这一系列问题的提出与思考，不仅仅能帮助学生理清新旧知识的异同点，便于掌握新知识，也有助于学生梳理知识之间的关系，形成更清晰的知识体系，还能促进学生总结出知识的内在联系、脉络、结构，形成整体理解，同时能更好地理解哪些地方是学习的关键，从而提高学习效率。

2. 联想相关知识，变换关键词提问题

所谓"联想相关知识，变换关键词"就是学生在学习的过程中通过联想，找相似、相关的知识点，变换结论或已有问题中的关键词，进而提出新问题。例如，当学生学习了"乘法分配律"，在理解并掌握"两个数的和与一个数相乘，可以先把这两个加数分别与一个数相乘，再相加。这叫做乘法分配律"的基础上，我们可以引导学生思考这个运算定律如果改变了其中的一些关键词，还能成立吗。有了这样的引导，学生就能提出如下一系列问题，"乘法有分配律，除法有吗""相加可以，相减也可以吗""两个数相加可以，三个数相加可以吗？多个数相加可以吗"；当学生掌握了"三角形任意两边的和大于第三边"，通过变换关键词，还可能发现如下这些问题，"三角形任意两边的差会小于第三边""四边形边的长度间有什么关系呢""三角形任意两个角的和与第三个角有怎样的关系呢"；当学生认识了圆柱与圆锥后，我们可以引导他们根据学习长方体、正方体的学习经验，提出"圆柱的体积怎么算""表面积怎么算""有棱长总和吗"这一系列的问题，而这些问题也将成为学生后续学习的"纲"。这样通过变换关键词提出问题不仅可以加深学生对所学知识的理解和掌握，更重要的是可以拓宽学生的视野，将学生的数学学习引向宽广的空间，真正做到数学学习既立足于课本又超越课本，实现著名数学家所说的"真正会读书的人能把书从薄变厚"。

3. 追根溯源，追问"为什么"

在教学过程中，我们要经常追问学生"为什么这样做""为什么是这个结果""为什么是对的？为什么是错的"，培养学生"深入学习"的习惯，和"知其然，也要知其所以然"的好学精神。我们应该充分理解并尊重学生心中的"十万个为什么"，例如，在教学"角的度量"时，对于成年人习以为常的"半圆形的量角器"这一认知，学生就是想问"明明是把圆平均分成360份，为

什么量角器做成半圆而不是圆呢""为什么直尺只有一行刻度,量角器却有两圈刻度"……追问"为什么"的过程就是引导学生深入思考的过程,是帮助学生养成凡事要有凭有据的习惯,养成讲道理的习惯的过程,也是促进学生学会数学推理的必要过程。

二、给机会——化"不会问"为"很能问"

培养学生"发现与提出问题"的能力不是一朝一夕的事情,不是教师教一遍方法就可以实现的事情。我们可以运用以下两个小方法,来帮助学生实现从"不会问"到"很能问"的转变。

1. 运用提示语——逐步实现从"扶"到"放"

对于低中年级的学生,在教学的关键点我们可以借助课件或者板书给出提问的相关提示语,让学生"续说""续问",逐步过渡到学生自主提问。例如,在"角的度量"的教学过程中,当学生通过阅读教材,初步认识了量角器,初步掌握了角的度量方法时,我们可以提供这样的提示语引导学生提问:"量角与量线段有什么联系和区别""量角器与直尺有什么相似点与不同点"。

2. 给足时间和空间——让学生"有备而问"

学生较高质量的发现问题、提出问题往往是自主学习、独立思考、自我反思之后产生的,所以,我们应该给足学生思考的时间和空间,让学生"有备而问"。有时我会让学生课前自学,然后把问题写在练习本上,写出了的问题学生说起来就会更轻松、更有把握;有时我也会让学生把问题先说给同桌听听,经过交流,问题的表达往往也更清晰,学生也更愿意提出来交流;有时,我们也可以让学生把问题直接板书在黑板上,这样大家可以看得更清楚,我们在解决问题的同时,也可以借此点评指导学生表达问题的能力和方法。

三、常认可——化"不敢问"为"很想问"

好的问题的发现和提出,仅仅是课堂教学的一部分而已,如何让学生发现的问题成为课堂优质的教学资源,如何让班级的每一个学生都"很想问"?教师和同伴的认可尤为重要,学生提出的问题,只要是符合他个人实际需要的,教师都应该给予鼓励,同时也要引导班级学生以理解、宽容的态度,善待同学的每一个发现和每一个问题,对于精彩的有价值的问题,教师和同学都应该感

激提问者为大家提供了优质的学习资源。让发现问题与提出问题成为学生自我
肯定的有效途径，让提问题的学生获得成就感，并在班级形成爱思考、常提问
的良好风气。

如何培育学生说出问题的能力

以学生在学习过程中的真实困惑驱动课堂是说理课堂期待的样子之一。
但在实际教学中我们经常会遭遇这样的尴尬，教师问学生"你们还有什么问题
吗"或者"关于……知识，你们还有哪些问题不明白"，学生经常会有以下两
种表现：一种以沉默表示没有问题；另一种是以浅层次、未加思索的简单问题
进行无效提问。

我们该如何让学生敢于提出自己真正有困惑的问题呢？在我看来该问题的
关键词是"敢于""提出"和"真困惑"。针对这样的困惑，可以通过"知困
惑、有勇气、会提出"这3个方面来帮助学生敢于提出自己的真实问题。

一、知困惑

让学生真实感受到自己学习过程中的困惑、疑难，是让学生提出真问题的
关键环节。我们该如何让学生感受到自己真实的困惑呢？

1. 准确把握提问时机

课堂提问的时机对于学生能否感受到真实困惑的影响是巨大的。有的教
师习惯于课始阶段让学生看着课题提问，在我们进行了课堂观察后就会发现，
这样的背景下学生提出的问题往往根据是"……是什么""为什么要学……"
"学……有什么用"，这显然不是我们想要的真问题。为了改变这样的提问方
式，我们把提出的环节放到学生预习或者自主探究新知之后。只有当学生真正
与新知有了亲密接触后，他们才能与真问题相遇。例如，在教学小数除法的时
候，只有让学生亲自动笔算一算，他才能比较精准地感受到新知带来的困难；
在学习画圆时，也只有动手实践过的学生才能真实感受到圆规使用中的难点和

注意点，所谓实践出真知。

2. 提供合适的素材和条件

在学生学习过程中，教师要注意通过提供合适的素材和条件，有的时候是提供素材、增加条件，有的时候却是减少素材、控制条件。恰当地提供素材和条件能够最大限度地激发学生的好奇心，引发学生的真实困惑。例如在"周长"的教学过程中，教师不急着为学生提供软尺、毛线等化曲为直的工具，学生在独立自主探索的过程中，就会产生对曲线图形该如何测量周长的好奇心，从而产生真实困惑。

二、有勇气

让学生有开口说出自己困惑的勇气，我认为我们可以运用以下两个小方法，来帮助学生实现"有惑就敢说出来"。

1. 给足时间和空间——让学生"有备而问"

课堂上，我们应该给足学生思考的时间和空间，让学生"有备而问"。从而让学生拥有说出自己困惑的勇气。

2. 常认可——让提出困惑成为学习的常态

教师可以利用课前一分钟展示"每日一好问"让学生说出好问题，还可以通过设立"问题墙"展示学生提出的好问题。当学生发现和提出问题时，教师要对其给予充分肯定。

三、会提出

如果说"知困惑"培养的是学生发现问题的能力，"有勇气"是启动提问的原动力，那么"会提出"就是提出真问题的硬实力。因此，我认为教给学生表达问题的方法是实现敢于提出真实困惑的前提。我们可以尝试运用以下这些方法，让学生掌握一定的提问小技巧，不断提高提出问题的能力。

1. 对比新旧知识，找异同提问题

教师应帮助学生理清新旧知识的异同点，以使其能更好地理解哪些地方是学习的关键，提高学习效率。

2. 联想相关知识，变换关键词提问题

教师要让学生在学习的过程中，通过联想，找相似、相关的知识点，变换结论或已有问题中的关键词，进而提出新问题的办法。

3. 追根溯源，追问"为什么？"提问题

在教学过程中，我们要经常追问学生"为什么这样做""为什么是这个结果""为什么是对的？为什么是错的"。为学生树立起"深入学习"的习惯，要鼓励学生具有"知其然，也要知其所以然"的好学精神。我们应该充分理解并尊重学生心中的"十万个为什么"。

如何以好问题促进对知识本质的深度思考

——以"圆锥的体积"为例

在教学圆锥的体积时，学生基于对三角形和长方形面积之间的关系的认知，总会误以为圆锥的体积是等底等高的圆柱体积的 $\frac{1}{2}$。具体问题如下。

长方形以长为轴旋转可得到一个圆柱［如图（1）］，它的一半（直角三角形）以直角边为轴旋转一周可得到一个圆锥［如图（2）］。为什么三角形的面积是长方形面积的 $\frac{1}{2}$，而圆锥的体积却不是圆柱的 $\frac{1}{2}$？

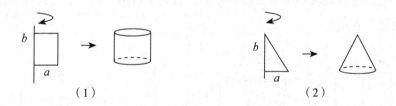

（1）　　　　　　　　　　　　　　（2）

可能很多人也有同样的疑惑，为什么看似有理有据的推理得到的却是非正确的结论呢？

首先，这里运用的是类比推理，而类比推理虽然有助于迁移知识发现问题，但它得到的结论却不一定可靠。

比如，下面例1从"等底等高的直柱体体积相等"推出"倍底等高的直柱体

25

的体积成相应倍数关系"这个推论是正确的。

例1：一个直柱体A底面如图（3）的长方形，另一直柱体B底面如图（4）的直角三角形，它们的高都为h，因为柱体A的底面积是柱体B的2倍，所以柱体A（长方体）的体积是柱体B（三棱柱）的2倍。

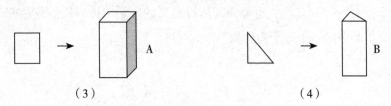

（3）　　　　　　　　　　　　　　　　（4）

例2：图（5）的长方形面积是图（6）长方形的2倍（底面半径不变，高是原来的2倍），则柱体C的体积是柱体D的体积的2倍。

这种情况下，面和体的倍数关系是一致的，通过类比得出的结论是成立的。

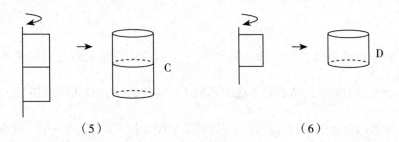

（5）　　　　　　　　　　　　　　　　（6）

例3：图（7）的长方形面积是图（8）长方形的2倍（高不变，底面半径是原来的2倍），则柱体E的体积是柱体F的体积的4倍（平方倍）。

可见，这种旋转的结果，面和体的倍数关系就不一致，通过这样类比得出的结论就不成立。

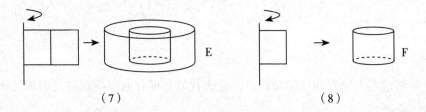

（7）　　　　　　　　　　　　　　　　（8）

例4：如下图（9）把一个长方形平均分成两个直角三角形，再绕b旋转一周，所得的立体图形体积会相等吗？如果我们做出直角三角形的中位线c如图（10），此时绕中位线c所在截面旋转后形成图形是圆和环，圆和环的面积比是

1:3，可见距离旋转轴越远面积越大。同样，图形旋转后的体积也与它和旋转轴的距离有关，如图（10）的△₁和△₂虽然是完全相同的图形，但是△₂离旋转轴比△₁远，所以旋转后所得图形的体积也越大，因此圆锥体积肯定小于等底等高的圆柱的。

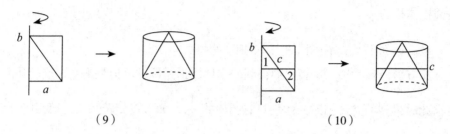

（9）　　　　　　　　　　　　　　（10）

由此可见，面"动"成体，有多种情况，面"动"成体的方式，决定了所成立体图形的体积与面的大小的关联度。

其次，面和体不是同类量，不能简单地进行类比推理。

因为面积和体积有一定关联，大家由面的倍数关系类推出到体的倍数关系，这里面有着类比的思想，似乎有一定的合理性，但是结合具体情况看，这样的类推却是不成立的。我们再来观察一组有关正方体长度、面积、体积的数据：

棱长	底面积（m²）	体积（m³）
1	1	1
2	4	8
3	9	27
4	16	64
……	……	……

从上表的数据中可以看出，上面每两个正方体之间底面积的比分别是1:4，4:9，9:16……体积的比分别是1:8，8:27，27:64……可见"底面积的倍数关系并不等于体积的倍数关系"。以上数据证明面积和体积是不同类量，它们的计算方法、计量单位均不相同，所以两者之间并不存在相等的倍数关系。同样，棱长和面积、棱长和体积也是不同类量，它们之间也不存在相等

的倍数关系。数学上像这样的例子还有很多，如两个圆半径的倍数关系不等于它们的面积的倍数关系，这还是因为长度和面积不是同类量。因此，我们不能根据三角形的面积是长方形面积的 $\frac{1}{2}$，就类推出由它们旋转而成的圆锥的体积是圆柱体积的 $\frac{1}{2}$。

最后，面不是决定体积的大小的唯一因素。

长方形以长为轴，旋转一周得到的立体图形是圆柱，但是当它仅旋转180°时，此时得到的立体图形的体积只有圆柱的 $\frac{1}{2}$；如果仅旋转90°，那么所得立体图形的体积就只有圆柱体积的 $\frac{1}{4}$。由此可见，由一个平面图形旋转得出立体图形的大小，除了与平面图形的大小有关，还与旋转的角度有关，与平面所经过的距离有关。

我们知道圆柱的体积=底面积×高，根据公式也可以看出立体图形的体积并不只由一个面的大小决定。这也可以说明仅凭一个面的倍数关系要类推出立体图形的体积是不恰当的。

在小学阶段，由于学生的知识储备比较有限，我们只能通过实验操作这种存在一定误差，看似不太严密的方法进行探索，从而得出"圆锥的体积等于与它等底等高的圆柱体积的 $\frac{1}{3}$"。随着知识的增加，今后我们还能用积分等方法更严谨地推导出这一结论。

第三章　让自学成为习惯

践行"四步自学法"提升学生自学能力

美国著名的未来学家托夫勒曾说过："21世纪的文盲将不再是目不识丁，而是不会学习。"自学既是学生的一种独立学习活动，也是一种学习的心理准备过程。它不仅可以有效地促进学生主动学习、激发学习兴趣，还有助于培养学生的创新精神。但是，目前也有部分小学教师片面地认为，小学生知识经验欠缺，不具备自主学习的能力；他们的自学往往只是对结论的模仿，而不利于自主探究学习。笔者结合自己的教学实际，运用"四步自学法"指导了4、5年级的学生进行数学学科的自主学习。两年多的实践证明，"四步自学法"的合理运用，能明显增强学生的学习能力，有效提高课堂教学质量。

一、学生的自学能力现状分析

当前，小学生的自学能力现状如何呢？笔者对748名4、5年级的学生进行问卷调查，对小学生数学学习的自学能力进行了分析，具体情况如下。

（1）有18.9%的学生从来不自学数学知识。有部分教师认为小学生知识经验欠缺，思维能力尚不完善，小学生不具备自学的能力；也有部分教师认为自学只能让学生通过阅读文本获得枯燥乏味而抽象的课本知识，学生看的只是结论，这有违新课程强调的"让学生亲身经历数学知识的形成过程"，"学生的数学学习内容应当是现实的、有意义的、富有挑战性的，这些内容要有利于学生主动地进行观察、实验、猜测、验证、推理与交流等数学活动"，因此反对学生进行教前自学。这部分教师所在班级几乎从不要求学生进行课前预习，或进行教前的当堂自学。

（2）有66.8%的学生自学数学知识流于形式，成效不大。部分教师在上新课之前，会布置对将学内容进行预习的任务，但要求不具体，仅仅是提出"预习第×页至第×页"，对于这样的自学要求，学生往往简单地理解为：浏览教材，画出重点。所以，这样的自学多数形同虚设，流于形式，成效不大。

（3）有14.3%的学生具备较强的自学能力，能比较好地对新知识进行自学。这部分学生的教师，注重对自学能力的培养，多数能通过自学要求指导学生进行自学。例如有的教师会精心设计导学提纲指导学生自学；有的教师虽不设导学提纲，但自学要求详实有效，具有针对性；有的教师长期指导学生学会阅读教材，深入思考，帮助学生形成一定的自学模式。

二、"四步自学法"的内涵

所谓"四步自学法"即是学生课前运用"读、试、思、问"4步进行自学的方法。第一步，读，通读、阅读、精读教材；第二步，试，尝试完成课后基本练习；第三步，思，反思尝试练习的完成情况，反思学习过程，思考本节课学习的重难点；第四步，问，以问题的形式呈现本节课学习的主要内容及疑难问题，即本节课我们应该学会哪些知识，解决哪些问题，我已经学会了什么，还有哪些问题需要在课堂上解决等。

在实际教学中，我指导学生始终遵循这样的4个步骤进行自学，并且变以往的课外预习为课上当堂自学，让学生在规定的时间内用4步自学法完成规定的自学内容。例如在执教人教版第7册"商的变化规律"一课时，我是这样呈现自学要求的。

（1）读：阅读课本第93页。

① 试着回答书中的每一个问题；②把你认为重要的划出来；③不太懂的地方标上"？"。

（2）试：回顾"积的变化规律"的学习过程，结合你阅读课本的收获，尝试概括"商的变化规律"。

（3）思：反思学习过程。

思考"在除法里，商有怎样的变化规律？你是怎样发现这些规律的"。

（4）问：提出你没有把握的问题。

三、"四步自学法"实践的要点

1. 教学生学会阅读

"先学后教，高效课堂"教学模式的核心和基础是使学生学会阅读（教科书）和学会思考（提问和质疑）。这是教的着力点，是实现少教多学和"教为了不教"的关键和前提。教学生学会阅读数学教科书，是在小学数学教学中实施"四步自学法"的核心，也是"四步自学法"取得成效的关键。在实际教学中，针对学生阅读教材往往直奔结论，直奔所谓的书中的重点，囫囵吞枣等一系列的问题，我坚持以教学生学会"有序地阅读数学教科书"和"完整地阅读数学教科书"。"有序"是要求学生看书要坚持从上往下，一个字一个字地认真看，"完整"则体现在书中的每一个空格都要填，每一个问题都要有想法。在"三角形的内角和"一课中，如果是面对初试"四步自学法"的学生，我应用以下这样几个问题指导学生进行有效阅读，进而完成自学。问题1"例题5对你的学习提出了哪些要求"，引导学生明白看到例5应该主动开展"画、量、算"这几个学习过程。问题2"在自学过程中怎样把'书读厚'"，指导学生明白看到"你发现了什么？用什么实验来验证一下"这样的学习提示时，应主动思考，大胆总结自己的发现，并要运用多种方法进行验证。我会要求学生把发现和实验方法简要地记录下来，这一过程就是"把书读厚"的过程。问题3"在自学过程中怎样把'书读厚'又再把'书读薄'"，这样的问题旨在引导学生总结、梳理自学成果。

2. 坚持让学生独立学习

在实施"四步自学法"的过程中，我始终坚信学生能够独立学习。从开始的教师"教着学"，逐步过渡到教师"带着学"，最后实现学生"独立学"。为了保证学生足够的独立学习的时间，提高自主学习的有效性，我一般把独立学习的时间安排在课始阶段。学生独立学习很重要的一个环节就是在教师讲解之前，应让学生尝试完成课后习题，也就是贯彻"四步自学法"的第二步骤：试。通过"试"学生可以对自学成果进行自我检查，可以反思学习过程，可以发现更多的问题。尝试练习是学习的过程，更是学习进行自我反思的重要依据。只要长期坚持，不断地把学习的主动权和责任权还给学生；长期把教学建立在学生独立学习的基础上，使教学成为推进学生独立学习活动和巩固、深化独立学习效果的一种学习方式，学生的自主学习能力和学习的责任意识一定能得到有效的增强。

3. 坚持引导反思

引导反思是"四步自学法"的第三个步骤，也是最容易被忽略的环节，可我认为这是十分重要的学习过程。因此，在实施过程中我们不仅要不折不扣地落实反思，而且要有针对性地指导学生进行反思。我们要指导学生不仅从知识层面反思"学会了什么"，更重要的是要引导学生回顾学习过程，反思"我是怎么学会的"，让学生在反思中不断积累学习经验，学会学习方法。

4. 坚持以学论教、因学定教

在实施"四步自学法"的过程中，我们一定要坚持以学论教、因学定教。在教学过程中，学生自学后的交流环节中教师应该紧紧围绕"四步自学法"的第四步骤"问"进行。根据学生提出的问题组织有效的交流讨论，并进行必要的讲解。教师要努力做到"该讲的大胆讲，不该讲的坚决不讲"，切实落实教学的针对性，把教学用在刀刃上，用在解决"最近发展区"的问题上，真正实现少教多学，让学生的问题成为课堂的主旋律。只有教师尊重学生学习的成果，才能更有效地激发学生自主学习的主动性。

5. 坚持以人为本，面向全体学生

关于"自主学习"许多教师最担心的是"学困生"的问题，很多教师担心由于学困生能力有所欠缺，"自主学习"势必造成更大的两极分化，使优生更优，差生更差。因此，在实施"四步自学法"的过程中我们应该正视学生个体差异，在初始阶段一定要给予学困生更多的爱和关注，对于学困生而言，只有教给他们恰当的学习方法才能真正地提高他们的"造血功能"，才是真正改善他们学习能力的正道。当我们真正把学习建立在每个学生原有的基础上，从实际出发，引导每个学生循序渐进地进行学习，树立信心，激发兴趣，才能使学习进入良性循环的机制：学会—兴趣—愿学—学会……让每个学生在课堂上都学有所得，真正实现课堂公平。

运用"先学后教"转变教学模式

新课程实施以来，课堂教学改革在朝着素质教育的方向扎实推进，并取得了实质性的进展。但是，当前课程改革在课堂教学层面所面临的最大挑战是课堂教学低效的问题。因此，"如何提高课堂教学效率，减轻学生课后负担"已经成为目前全国中小学教学的一个热门话题。我们能否将"先学后教"这样的教学模式推广到小学数学的教学实践中，通过"先学后教"教学模式的实践与应用，构建出高效课堂，提升教育质量，从而实现教育公平，培养出具有创新精神的一代新人呢？通过近几年的实践，我认为"先学后教，高效课堂"对于小学数学课堂教学同样适用。

一、"先学后教"在小学数学课堂教学中的一般模式

通过几年的教学实践，我基本形成了以"当堂自学""课堂交流""课堂练习"3个环节为核心的课堂教学模式。

（一）当堂自学的要求

教师方面：

（1）对学生的自学做必要的指导，做到四明确，即明确时间、明确内容、明确方法、明确要求。

（2）对个别小组和个别学生提供有针对性的帮助。

（3）对自学活动整体的组织和调控。

学生方面：

在课堂上运用"读、试、思、问"4步自学教学内容。

第一步：读，通读、阅读、精读教材；

第二步：试，尝试完成课后基本练习；

第三步：思，反思尝试练习的完成情况，反思学习过程，思考本节课的重难点；

第四步：问，以问题的形式呈现本节课学习的主要内容及疑难问题，即本节课我们应该学会哪些知识，解决哪些问题，我已经学会了什么，还有哪些问题需要在课堂上解决等。

在实际教学中，我指导学生始终遵循这样的4个步骤进行自学，并且变以往的课外预习为课上当堂自学，让学生在规定的时间内用"四步自学法"完成规定的自学内容。例如在执教人教版第7册"商的变化规律"一课时，我是这样呈现自学要求的。

1. 读

阅读课本第93页。

（1）看完整，试着回答书中的每一个问题。

（2）把你认为重要的划出来。

（3）不太懂的标上"？"。

2. 试

回顾"积的变化规律"的学习过程，结合你阅读课本的收获，尝试概括"商的变化规律"。

3. 思

反思学习过程。

"在除法里，商有怎样的变化规律？你是怎样发现这些规律的？"。

4. 问

提出你没有把握的问题。

（二）课堂交流的要求

教师方面：

（1）针对性地讲解和点拨。

（2）对课题生成的信息和问题进行筛选和提炼。

（3）对课堂交流活动整体组织和调控。

学生方面：

（1）展示自学成果：发表个人或小组的见解，学会说好两句话"这个问题我懂了，我来说""这个问题我还不懂"。

（2）交流讨论：接受地听、积极回应、学会宽容。

（3）交流的基本顺序：先四人小组交流，再全班集体交流。实现生生互动、师生互动。

（三）课堂练习的要求

教师方面：

（1）练习设计体现基础性和提高性。

（2）反馈、讲评要有及时性和针对性。

（3）对练习活动进行整体组织和调控。

学生方面：

（1）独立思考，如实答题。（要求紧凑、有序）

（2）分层次批改作业。（教师批改大组组长作业；大组组长批改4人小组组长作业；4人小组组长批改其他成员作业）

（3）自我反思、订正。一般由各组长组织讲评订正，难点问题由教师参与讲解。（无法完成的课后要留下补课）

（4）小结本节课的收获和问题。

二、反思"先学后教"教学模式在小学数学教学中的运用

（1）长期以阅读课本为学生"先学"的主要方式，是否会影响学生创新意识和创新能力的发展？在一次次的教学研讨中，我不止一次听到这样的声音。有些数学课是不适合"先学后教"的，因为有些结论就在书上，有些方法就在书上，"先学"之后学生就没有自己的想法了，他们的创新意识和创新能力会受到抑制，有些教师甚至旗帜鲜明地反对学生学习数学的过程中进行预习。我个人认为以看课本为主要方式的预习，对学生数学学习能力和数学思维的发展是有百益而无一害的。虽然有些结论直接呈现在课本中，但如果我们课堂不仅仅追求"是什么"，而能够更多地关注"为什么"，那我们的学生就一定不会仅仅满足于得到结论，相信他们会循着结论去探究"为什么会是这样的"。即使有些方法已经写在书上，但学生的创新往往是从模仿开始，先给些方法又何妨？如果我们的心灵深处真正关注学生的个性发展，那他们一定会有追求更新更好方法的愿望。

（2）如何在有限的教学时间中实现"堂堂清"，让我们的课堂真正实现"一个都不能少"？纵观这1年来"先学后教"的公开课，从大田，到莆田，再到我自己所在的龙岩片区活动中的教学，几乎没有一节课能真正实现堂堂清，

我们离"课前无预习，课后无作业"真的还很遥远！教学内容摆在那，教学目标必须实现，我们该从哪里要时间？我纠结，我困惑，"课前无预习，课后无作业"会不会是一个"乌托邦"？

（3）"先学后教"的课堂是否适合小学的各年级？在最近几次的研讨中，有的教师提出了"先学后教"的教学模式对于小学各个年级都适用的观点。但在观察了众多"先学后教"的课堂教学后，我认为这样的教学模式对于小学低年级的学生不太适合。为了追求课堂的高效，把有限的时间用在刀刃上，我们往往省略了许多情境的创设，故事不敢讲，游戏不敢做。课堂教学立足课本，围绕课本，需要思维的碰撞和交锋。这样的课堂对于六七岁的孩子似乎过于沉重。因此，我认为"先学后教"的教学模式从第二学段开始实施比较合适。

综上所述，"先学后教"教学模式在小学第二学段数学课堂教学中是十分适用的，它能有效提高课堂教学效率，减轻学生的课业负担，是真正实现以学生为主体的课堂教学模式。

基于自学的线上教学策略

利用网络平台开展线上教学是疫情之下的无奈选择，也是信息技术发展到一定阶段的时代产物。当前，线上教学比较突出的问题是师生无法面对面地进行交流，教学时间长且低效，优生更优、学困更困等等。如何尽量避免这些问题，利用网络平台有效开展线上教学？笔者结合小学数学6年级下册"税率"线上教学的情况谈几点看法。

问题1：师生无法面对面，缺乏交流与指导

线上教学与常态教学最大的区别就是师生空间上的隔离，学生在家远离老师的视线，无法得到教师近距离的指导与帮助。

策略一：激发兴趣，教给方法

面对时空的隔离，激发学生学习的内驱力，让学生成为学习的主人就显得特别重要了。

1. 激发兴趣，增强学习的责任感

在刚启动线上教学的初始阶段，笔者经常利用课前谈话，清楚明确地布置线上学习的任务和要求，如课时学习目标、单元测试要求，并着重阐述线上学习的严肃性和重要性，告知学生线上学习的内容真实有效，返校后即使进行必要的查缺补漏也不可能是重起炉灶的"零起点教学"。一系列的沟通在一定程度上提升了学生和家长对线上教学的重视程度，激发学生的学习兴趣，增强学生学习的责任感。

2. 细化预习方法的指导，提高自学效率

根据线上教学的实际情况，结合高年级学生的年龄特征，笔者主要选择了"先学后教"的教学模式，即每节新授课前，布置学生线下预习，再进行线上的交流讨论，以"预习（线下）—对话交流（线上）—巩固练习（线下）"这样的模式开展教学活动。预习，成为课堂教学的重要基础，直接决定了线上教学的起点和高度。为了提高学生的预习质量，笔者以"读、试、思、问四步自学法"为基本要求，精心设计每节课的"预习要求"，扎实做好每一节课预习指导。

人教版6年级下册第2单元"税率"的预习要求

1. 读

阅读教材第10页。（要求：有序、完整）

2. 试

尝试练习教材第10页的"做一做"。

3. 思

（1）你认为本节课应该理解哪几个关键词？请举例说明你的想法。

（2）税率这部分知识与之前哪些知识有联系？

4. 问

回顾自学过程，记下你没把握或者认为特别值得交流的问题。

在预习阶段，学生先通过有序、完整地阅读教材，初步了解学习内容；然后完成尝试练习——"做一做"，首次检验自学成果；再通过思考，沟通新旧知识之间的联系，寻找新知的生长点；最后，通过提问的方式，引导学生自我反思预习过程中存在的问题。坚持"四步自学法"，能够有效避免学生"划划线、读读粗体字"这类缺乏思考、流于形式的低效自学。相对固定的预习模式和要求，能稳步提高学生的阅读能力、反思能力、提问能力；每一节课的"试"和"思"的具体要求，又能引领学生更精准地把握学习的重难点，积累学习经验，提高自学效率。

问题2：教学时间不够用

线上教学因参与交流的学生人次多，相当一部分的对话交流需通过文字进行传输，耗时较多，要在40分钟内完成整节课的教学任务是有难度的。

策略二：讲在"学困处"，建立新规则

1. 直面"真困惑"，讲在"学困处"

基于"先学"的"后教"，一定要充分尊重学生预习的成果，真正做到"以学定教"。用学生预习后提出的真问题直接驱动课堂，是提高课堂教学效率、节省教学时间的有效策略。在实际教学中，笔者要求学生预习结束后，直接把"没把握"和"值得交流"的问题发到班级学习群供老师和同学思考，这样能让每一位同学都对要课上要交流的问题做到"有备而来"。在有限的线上教学时间内，宜开门见山，直奔学生提出的疑难问题。

【课堂回放】

人教版6年级下册第2单元"利率"

课始，教师汇总、出示学生预习后提出的问题：

雨涵："活期"是什么意思？

凯阳：利率是怎么判断"单位1"的？

欣晨："例题4"为什么要"乘2"？

师：以上是雨涵、凯阳和欣晨同学自学后提出的问题，哪些问题是你们能够解答的？

生1：例题4"乘2"是因为存期是两年。

生2："2"代表的是时间。

生3：因为它是年利率，年利率就是每年能获得的钱，因为是两年，所以要"乘2"。

生（提问的同学）：可是我选的是"两年"！

师出示：

根据国家经济的发展变化，银行存款的利率有时会有所调整。2015年10月中国人民银行公布的存款利率如下表。

	活期	整存整取				
存期		三个月	六个月	一年	二年	三年
年利率（%）	0.35	1.10	1.30	1.50	2.10	2.75

生4：这是两年的"年利率"，表示每年都这样算。

生5：意思是存两年才按2.10%算，没有存两年就不能按这个算了。

生（追问）：如果存1年呢？

生6：那就按1.50%算。

提问的学生恍然大悟，教师引导学生读懂这张表。

师：接下来，谁来回答凯阳提出的问题"利率怎么判断'单位1'"？

生7：本金。

师：理由？

生7：利率是利息和本金的比率，利息是本金的百分之几。

生8：本金×利率×存期=利息，如果存1年，利率=利息÷本金，从这里可以看出以本金为"单位1"。

师：从利率的意义和等量关系两个角度来判断利率的"单位1"。都是可以把道理讲明白的。

随后，教师再通过组织交流第3个问题，让学生在交流互动中理解掌握了"活期、定期、整存整齐、零存整取"这几个和利率相关的新名词。

利用学生预习后提出问题驱动课堂教学是直指"学困处"的教学，这样能够把有限的课堂时间聚焦到学生最需要的地方，做到"好的教学时间用在学生需要处"。

2. 建立新规则，提升自控力

线上教学师生之间的空间距离弱化了教师对学生的直接监督，学生的自控力对保障教学质量起决定性的作用。小学生年龄小，自制力相对较弱，因此建立完善的线上教学制度，提升学生的自控能力就显得尤为重要。根据教学的实际需要，我们可以建立如下制度。

提交作业制度：要做到明确内容（交什么），明确时间（几点之前要交），明确形式（怎么交）；

评价制度：每日公布优秀作业名单、"纠错能手"名单等；

群交流制度：

（1）回应同学的发言，反对、补充优先说，同意、支持最后说。

（2）相同意见有3人回答，就不必重复。

（3）欢迎独立的见解，避免不经思考的随声附和。

以上这些规则制定之后，教师可以通过课前2分钟投屏展示等方法，经常提醒学生遵守制度、执行制度。具有执行力的制度才能够保障学生线上、线下学习的和谐统一，提升学生的自我约束力，确保教学的高质量。

问题3：加剧两极分化，学困更困

线上教学最令广大家长和教师担忧的就是优生更优，学困生更困，加剧班级两极分化。

策略三：因材施教，区别对待

为了尽量避免这种情况的发生，在线上教学的过程中，我始终坚持"因材施教，区别对待"的原则。"区别"并不代表"不公平"，区别是为了更有针对性地帮助。如在班级学习群的基础上，再建一个"数学帮帮群"，让班上基础较差的同学和家长自愿扫码进群。在线下预习阶段，教师会为"帮帮群"的学生推送针对新授学习内容的微课及教学视频，供他们提前观看学习，让他们"有备而来"地参与线上交流，不输在学习的起跑线上。每节线上教学结束后，我还会把教学的重点、难点截屏到"帮帮群"，让"帮帮群"的孩子能更清晰、更从容地慢慢读懂教学的重难点。另外，我每天还会"点播"几位学优生在班级群晒课堂笔记，他们的课堂笔记往往能发挥日常教学中"板书"的作用，晒笔记既是对学优生学习能力的认可，又是对其他同学的示范和鞭策。总之，线上教学也要尽量避免一刀切，我们的责任就是帮不同层次的学生找寻到比较适合自己的学习方式和成长空间。

线上教学想想都是问题，让我们感觉"道阻且长"，但再做做又似乎有了一些答案，让我们相信"行则将至"！

第二篇

转变教师角色，把课堂还给学生

第一章 放手，在真实学习中生成精彩

双向精读教材 构建"说理"课堂
——"梯形的面积"教材解读及教学活动设计

在基于深度学习的"说理"课堂教学理念的指引下，我们该如何进行教材解读，如何提炼核心问题，如何设定教学任务，让学生的学习真正地发生呢？

一、横向比较解意图

思考："梯形的面积"要教什么？

我们将通过对人教版、北师版和苏教版3种版本教材的横向比较，从细微处着眼，理解教材的编写意图，理清"梯形的面积"这节课到底要"教什么"。

以上3种版本教材均是在学生已经学会"平行四边形面积"和"三角形面积"，已用"剪拼法"推导出平行四边形面积和"倍拼法"推导出三角形面积的基础上学习梯形面积公式的推导的。我们先从情境创设、核心问题的呈现、探究方法的提示、观察提示语、结论呈现形式等方面对3种版本教材进行对比和分析。

对比维度	人教版	北师版	苏教版
情境创设	车窗玻璃	河坝横截面	无生活情境

对比维度	人教版	北师版	苏教版
核心问题	你能用学过的方法推导出梯形面积的计算公式吗	如何求出图中梯形的面积呢	你能想办法求出下面梯形的面积吗
探究方式提示	1. 用两个完全相同的梯形拼1个平行四边形 2. 把1个梯形剪成两个三角形 3. 把1个梯形剪成1个平行四边形和1个三角形	1. 用两个完全相同的梯形拼成1个平行四边形 2. 把1个梯形沿中位线剪开再拼成一个平行四边形	1. 把1个梯形分成两个三角形和1个长方形 2. 把1个梯形剪成1个平行四边形和1个三角形 3. 用两个完全相同的梯形拼成1个平行四边形 （以上方法均在方格纸上呈现）
观察提示语	观察拼成的平行四边形和原来的梯形，你发现了什么	1. 梯形的上底和下底加起来刚好是…… 2. 转化后平行四边形的高与原来梯形的高……	1. 拼成的平行四边形的两个梯形有什么关系？ 2. 拼成的平行四边形的底与梯形的上底、下底有什么关系？平行四边形的高与梯形的高有什么关系？每个梯形的面积与拼成的平行四边形的面积呢？ 3. 根据平行四边形的面积公式怎样求梯形的面积
结论呈现形式	梯形的面积=（上底+下底）×高÷2 $S=(a+b)h÷2$	梯形的面积=（上底+下底）×高÷2 $S=(a+b)h÷2$	梯形的面积=（上底+下底）×高÷2 $S=(a+b)h÷2$

通过上表可见，3种版本教材编写体现如下几个共同点。

（1）凸显学生的主体作用。3种版本教材核心问题的关键词均是"求出梯形的面积"，对学生学习行为的表述分别为"用学过的方法推导""求""想办法求出"，表述虽有所不同但要求是大体一致的，均旨在引导学生独立、自主地寻找梯形面积的计算方法，符合课程标准的"探索并掌握梯形的面积，并能解决简单的实际问题"的要求。

（2）注重探究方法多样化。人教版呈现了3种转化图形的方法，分别为"倍拼""分割方法一""分割方法二"；北师版呈现了两种方法，分别为"倍拼"和"剪拼"，苏教版借用方格纸呈现了3种方法，分别为"分割方一""分割方法二"和"倍拼"。

（3）3种版本在观察提示语呈现上有所区别。学生动手操作之后的观察提示语，人教版以大问题"观察拼成的平行四边形和原来的梯形，你发现了什么"统领全局，给学生较大的自主空间；北师版提炼了关于底和高的两个最有针对性的问题；苏教版则以问题串的形式引导学生一步一个脚印地有序观察与思考。

这些区别也引发了我们的新思考：怎样的提示才是恰到好处的，怎样的问题最有利于学生开展真实的学习？回答这两个问题的关键是我们要弄清楚"梯形的面积"这节课学生学习的起点到底在哪里。

二、纵向比较理结构

思考："梯形的面积"学生学习的起点在哪里？

带着这些问题，我们立足人教版教材，沟通"梯形的面积"前后教学内容之间的联系进行分析，旨在深入理解该教学内容阶段性教学要求，准确把握学生的认知起点。

小学阶段平面图形面积公式的推导大致可以分为长方形（正方形）的面积—多边形面积（平行四边形、三角形、梯形）—圆的面积3个阶段，每个阶段均有不同的任务要求。第一阶段侧重理解面积的概念建立起长度和面积之间的关系；第二阶段学习的核心是学生运用转化思想进行面积公式的推导；第三阶段侧重曲为直及极限思想的感悟和运用。"梯形的面积"是5年级上册第5单元"多边形的面积"的教学内容。本单元的主要内容有：平行四边形的面积、三角形的面积、梯形的面积、组合图形的面积以及解决问题。具体编排结构如下图。

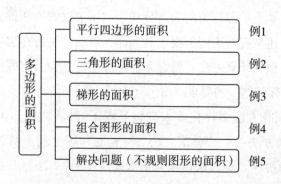

由以上教材结构，我们来简要分析学生学习梯形面积的起点。图形面积的探究方法，学生已经历如下学习过程。

（1）平行四边形的面积：用"剪拼法"将图形进行转化，然后观察转化前后两个图形间的关系，得出平行四边形的面积公式。

（2）三角形的面积：用"倍拼法"（部分学生会用"倍拼""剪拼"两种方法）将图形转化成已学过的图形，再次经历了观察转化前后两个图形间的关系，进而得出公式。

当学生开始学习梯形面积时，已具备了用多种方法转化图形的条件，也已经积累了观察转化前后图形之间的关系的学习经验。从这个角度上看，梯形的面积并不是严格意义上的一节新授课，它所处的教学位置为我们放手让学生自主探究提供了最大的可能性。梯形面积公式的推导在学生的学习过程中，起着承前启后的作用，它可以综合运用平行四边形的"剪拼法"，也可以用三角形"倍拼法"进行图形的转化，甚至还可以用分割的办法进行转化，因此，本节课我们可以看作是对图形转化方法的一次综合训练，通过本节课的学习强化学生对转化方法及化归思想的理解，提升自主探究未知图形面积的能力和经验。

"梯形的面积"这节课学生拥有了较高的学习起点，为教师大胆放手让学生自主探究提供了保障。从总体来看，人教版"观察拼成的平行四边形和原来的梯形，你发现了什么"大问题统领学生的观察分析的过程，能为学生留下足够的自主探索的空间。

三、对照课标找尺度

思考："梯形的面积"各种不同的计算梯形面积的方法一定要归结到"梯形的面积=（上底+下底）×高÷2"这个统一公式上吗？

从各版本教材的横向对比中，我们可以清晰地感受到梯形面积公式的推导充分体现了解决问题策略的多样化，这么多种方法到底该怎么教？要教到什么程度？为了更好地对比研究，我们列举了比较常用的6种公式推导方法。

方法1：   方法2：

方法3：

方法4：

方法5：

方法6：

以上6种方法，第1种是"倍拼法"，第2、3、4种是"剪拼法"，第5、6种则是"分割法"。在以往的教学过程中，我们往往过多地强调这些不同的方法最终都必须归结到"梯形的面积=（上底+下底）×高÷2"这一统一公式上来。这样的教学要求是否恰当呢？以方法6为例，根据转化后的图形，我们可以这样算，梯形的面积=上底×高÷2+下底×高÷2，梯形的面积=运用乘法分配律进行提取公因式，才能够整理出梯形的面积=（上底+下底）×高÷2，有些方法甚至要运用两种或者两种以上的运算定律才能进行算式的变式。然而，课标对于第二学段学生运算律的学习要求是"探索并了解运算律，会应用运算律进行一些简便运算"，很显然在课堂上让学生进行各种算法的推导，拔高了学习要求，增加了学生学习的难度。在实际教学中，这部分的算式变形往往出现学生推不出来，教师讲了学生也听不明白的情况。基于这样的学情，我们把课堂聚焦在理解每一种求法中"除以2"的真实含义上，弱化了"梯形的面积=（上底+下底）×高÷2"这一统一公式的推导变式的过程。对于梯形面积的教学我们始终站在解决问题的角度，重点让学生自主寻找求出梯形的面积的办法，这与课标解读中提到的"强调公式的应用性"这一要求是相吻合的。

四、追根溯源明道理

以上教材分析让我们大致理清"教什么"和"学生学习起点在哪里"这两个问题，然而基于深度学习的"说理"课堂，我们显然不能只满足于知道"怎么做"，还需要进一步探寻知识背后的道理，理清"为什么能这样做"。

（1）探寻图形转化之理——梯形面积公式推导的理论依据是什么？

梯形面积公式推导过程中，图形转化的理论依据是什么？关于这个问题，人教版教材通过课后"你知道吗"栏目引导学生进行关注和解答。梯形面积公式推导过程中，"剪拼法"和"分割法"最重要的理论依据是源自我国古代几何学的"出入相补"原理。所谓"出入相补"，用现代语言描述就是：一个平面图形从一个位置移动到另一个位置，它的面积不变；把一个图形分成若干份，那么各部分面积的和等于原来图形的面积。我国古代的数学著作中对此有描述，如《九章算术》《周髀算经》，古人还用其证明勾股定理。在平面图形面积公式推导的过程中，一个平面图形的移位和分割是常用的方法，而这背后的道理就是"出入相补"的原理。

（2）探寻隐性知识之理——梯形面积公式推导的思想方法是什么？

梯形面积公式推导的所隐含的数学思想方法是什么？无论是"倍拼"或者"剪拼"，其目的只有一个，就是把未知转化为已知，"化归"就是这一系列方法背后的最重要的数学思想。化归思想具体到梯形面积公式推导的过程中，它主要有如下三种表现形式："倍积"——用两个完全相同的梯形拼；"分割"——把一个梯形剪成两个已学过的图形；"割补"——通过剪、和移补把一个图形转化成已学过的图形。无论哪种方法，最终都要具体到探究转化前后两个图形之间的关系，这样的学习方式在小学数学学习过程中是常用的。

五、以生为本行道理

基于以上的认识，我们提出基于问题驱动的小学数学说理课堂实施建议：教学过程中，我们可以依次呈现如下核心问题及实施的任务要求，让学生遵循"自主探究、合作交流、得出结论"的路径进行学习，教学设计如下。

1. 直接引题，明确目标

（1）揭示课题：图形的面积。

（2）课件依次出示：长方形、正方形、平行四边形、三角形。

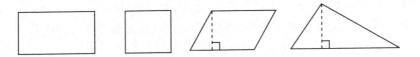

师：长方形的面积会算吗？正方形又怎么算呢？平行四边形呢？三角形呢？

2. 核心问题1

怎样求出这个梯形的面积？说说你的想法。

任务1：怎样求出这个梯形的面积？

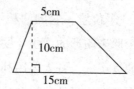

学生活动1：

（1）独立思考，拟订方案。

（2）同桌讨论方案。

（3）操作后，尝试计算这个梯形的面积。

（4）展示有代表性的做法，引导观察。

★**教学小贴士**：教师提供足够多的完全相同的梯形学具，供学生自由选择，足够多的梯形学具才能满足学生多次尝试的需求。

预设：

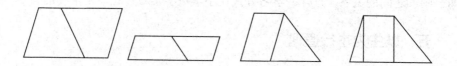

学生活动2：仔细观察黑板上的这些方法，和同桌说一说你看懂了哪几种？

（1）4人小组，交流讨论：每种做法的道理。

（2）指名汇报。

★**说理小贴士**：本环节在教学过程中，转变汇报人，让读懂做法的同学上台汇报，有利于让全体学生关注每一种做法，让学生在观察、判断、辨析的过程中进行深入思考。

学生活动3：如果现在要算梯形的面积，你觉得需要提供哪些数据？

（1）独立思考，大胆表达。

（2）考虑：需要哪些数据？

★**教学小贴士**：在教学过程中，引导学生针对"需要腰的长度吗"进行说理，深入理解公式。

学生活动4：计算梯形的面积。

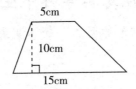

（1）独立完成。

（2）师指名板书，纠错、订正。

学生活动5：总结公式。

问：如果用a表示上底、b表示下底，h表示高，你能说说梯形的面积公式吗？和你的同桌说说你的想法。

总结公式：梯形的面积=（上底+下底）×高÷2

字母公式：$S=(a+b)h÷2$

3. 核心问题2

如果要计算圆的面积，你会想到什么方法？

任务1：回想一下这节课，你有什么收获吗？

学生活动1：

（1）学生自由表达自己的学习收获。

（2）思考：这些不同的计算梯形面积的方法有相同点吗？

任务2：能计算圆的面积吗？

学生活动2：

学生思考之后，简要说一说怎样计算圆的面积。

★**教学小贴士**：引导学生充分回顾本节课的学习过程，充分感悟公式推导的方法及策略，积累较充分的公式推导的经验的基础上，让学生静静地思考计算圆的面积的方法。

放手，在真实学习中生成精彩

——"梯形的面积"教学实录与评析

【教学内容】

《义务教育教科书·数学》（人教版）5年级上册第95、96页。

【教学目标】

（1）通过动手操作、观察实验等方法，经历自主探索梯形面积公式的过程。

（2）在对比分析中，归纳梯形的面积公式，掌握梯形的面积公式并能解决生活中的一些简单的实际问题。

（3）培养学生自主解决问题的能力，增强学生的说理意识，提升学生的数学学力。

【教学重点】

能够根据已有的学习经验自主探究梯形面积公式。

【教学难点】

梯形面积公式推导的一般方法。

【教学准备】

教具：自制PPT课件、梯形纸片。

学具：梯形，剪刀、三角板。

【教学过程】

（一）直接引题，明确目标

（1）揭示课题：图形的面积。

（2）课件依次出示：长方形、正方形、平行四边形、三角形。

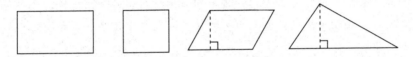

师：长方形的面积会算吗？正方形的面积又怎么算呢？平行四边形的面积怎么算呢？三角形的面积又怎么算呢？

学生依次说出这四种平面图形的面积计算公式。

课件出示梯形，学生高举的小手放下了，眼里出现迷惑。

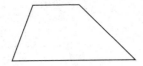

师：怎么啦？

生1：我知道它是梯形，可是不知道它的面积怎么计算。

生2：我和他的想法一样。

师：这节课，咱们就来想想求出梯形面积的办法。

评析：复习已学过的平面图形的计算方法，唤醒学生的学习经验，为探究新知做好准备，同时基于学生的困惑，抛出本节课探究的问题"怎样求梯形的面积"，快速唤起学生对新知的求知欲。

（二）自主探究，解决问题

1. 任务驱动，拟订方案

出示问题：怎样求出这个梯形的面积？

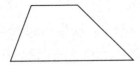

（只有两三个学生举起手）

师：不着急，再认真想一想。

学生安静地独立思考，接着陆陆续续举手。

师：同学们，有没有一些思路？（学生点头）同桌商量该怎么求。

同桌交流想法。

评析：学生已经经历了平行四边形和三角形面积的探究过程，教师基于真实学情，充分相信学生，在教学中大胆放手，让学生在独立思考的初步拟定转化图形方案的基础上，同桌交流、确定转化图形的方法。

2. 动手操作，尝试探究

（1）操作：学具袋里有梯形，拿出来试试看！

师：已经有想法的同学可以想想还有其他办法吗？

（2）展示：教师巡视、观察，收集学生的作品。

方法1：

方法2：

方法3：

方法4：

评析：给足时间，让学生拥有充分独立思考，借助已有的知识经验，自主探索求梯形面积的方法。同时，并不满足于1种解决问题的方法，让学生多角度去思考解决方案，并把学生的探究方法展示出来，把个体的想法转为集体的思考。

3. 交流说理，深化认识

（1）交流思考，理解方法。

师：老师把同学们的想法展示在这儿，你们能看懂其他同学是怎么做，怎么想的吗？把你看懂的想法在4人小组里说一说好吗？

4人小组交流讨论。

（2）反馈说理，深化认识。

方法1：用两个完全相同的梯形拼成一个平行四边形。

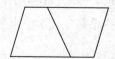

生1：我看懂了第1种，第1种是把两个梯形拼成了平行四边形，再用平行四边形的面积除以2，就可以算出梯形的面积了。（学生鼓掌）

生1：你们还有问题吗？

学生纷纷举手，台上的学生依次回答。

生2：我要补充，用两个相同的梯形拼成一个平行四边形。

生1：我同意，这就是两个完全相同的梯形拼成的一个平行四边形。

生3：你是怎么算出这个平行四边形的面积的？

生1：底×高就算出这个平行四边形的面积了。

生4：我也要补充，第1种图形是用转化的方法，把新的知识转化成已经学过的知识。

学生鼓掌。

方法2：把一个梯形剪拼成平行四边形。

生1：我看懂了第2种拼法，它是把1个完整的梯形从中点剪下一半，然后拼到旁边，形成了一个平行四边形。我觉得第2种方法比第1种好一点儿，因为这样算出的平行四边形的面积就不用再除以2了，不用再多做一步计算了，你们同意吗？

学生鼓掌，并陆续举手。

生2：我要补充的是，不是沿中点剪，而是沿中点之间的连线剪。

生3：这跟第1种方法一样吧！

生1：我认为不完全一样，虽然两种方法都是拼成平行四边形，但是第1种方法是由两个完全同样的梯形拼成的，所以求出平行四边形的面积后再除以2，才是一个梯形的面积。第2种所拼成的平行四边形的面积就是梯形的面积。

师：第2种只要求出拼出来的平行四边形的面积就行了。

学生鼓掌。

方法3：把一个梯形剪成一个平行四边形和一个三角形。

师：谁看懂第3种方法了？

生1：这是把梯形分割成我们学过的平行四边形或三角形，只不过这种方法有一点儿麻烦，要算两个图形的面积，大家同意吗？

生2：我要提醒大家，求三角形的面积是底×高÷2，求平行四边形的面积是直接底×高。

生3：这个图形原本是一个梯形，怎么切成两个不一样的图形呢？

生1：因为梯形只有一组对边平行，所以只要再画一条线，使它和另一条边平行，就可以分割成两个图形。

生4：我有一个疑问，这个梯形是一定要剪成两个图形吗？还是可以剪成比两个更多的图形呢？

生1：不一定，你只要把它剪成我们认识的图形就行了。你可以剪成3个、4个图形，只不过剪多了算起来很麻烦。

教师引导观察第4种方法：把一个梯形剪成两个三角形和一个长方形。

师：你们把这种方法的道理也讲了？

生1：是。

师：掌声送给他。

评析：课堂因对话而精彩，在这个环节中，学生站在课堂的中央，在表达、倾听、质疑、补充等对话交流中，自主完成纠错、概括，在辨析中，充分理解多种不同的梯形面积的推导方法。这一过程中，教师只是课堂的观望者，充分放手，在聆听中感受学生的精彩生成。

（三）沟通对比，构建模型

1. 辨析交流，初感模型

师：同学们，如果现在要算梯形的面积，你觉得需要哪些条件？

生1：我觉得要知道梯形的高和底的长度。

生2：我觉得是高、上底的长度和下底的长度都需要。

师：都同意吗？

一个学生举手。

生3：我觉得也要知道腰的长度。

师：现在有两种意见！需不需要腰的长度？（等待学生思考）请说说你的想法。

生1：我认为已经有了高，就不需要腰的长度了。比如第1种方法，腰只有连接的作用，计算梯形的面积不需要知道腰的长度。

生4：第3种方法，求三角形的面积也不需要腰的长度。

学生鼓掌。

师：都同意，那么给出上底的长度、下底的长度和高，你能求出这个梯形的面积吗？

课件出示：

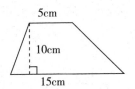

评析：学生在探究梯形面积的过程中，关于梯形面积的计算方法已经呼之欲出，此时，教师并不急于归纳梯形的面积公式，而是借助"如果要求这个梯形的面积，需要哪些数据"这一问题，引发学生对梯形面积计算的深度思考，让学生自主理清梯形的面积和谁有关系，为梯形面积公式的构建设下伏笔。

2. 聚焦数据，沟通联系

师：谁来说说，你是怎么想的？

生1：我用的是第1种方法，上底+下底的和求出来，再乘高，就求出这个平行四边形的面积，再除以2就是这个梯形的面积。

生1板书：（15+5）×10÷2=100（cm²）

学生鼓掌。

生2：我用的是第2种方法，现在这个平行四边形的高是原来梯形高的一半，底是原来梯形的上底加下底的和，所以它的面积应该是（15+5）×（10÷2）=20×5=100（cm²）

师：刚才有人说这种方法不用除以2？要不要除以2？

生：要。

师（追问）：第2种方法的"除以2"和第1种方法的"除以2"的道理一样吗？

生：不一样，第2种方法把一个梯形分成了两半，它的高也就减掉了一半，所以高要除以2。

教师点头，赞许。

评析：本环节教师大胆采用先给数据计算的教学方法，让学生在实际计算中结合实例讲道理，有效地质疑、有效地纠错，并在对比中发现不同算法之间的相同之处。梯形面积计算的道理越辩越明，不仅深化了对梯形面积计算公式的认识，也提升了学生思维能力。

3. 符号抽象，构建模型

师：如果用 a 表示上底、b 表示下底，h 表示高，你能说说梯形的面积公式吗？和你的同桌说说你的想法。

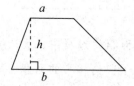

生1：梯形的面积等于（$a+b$）×h÷2。（$a+b$）×h求的是2个完全相同的梯形拼成的平行四边形的面积，再除以2就是这个梯形的面积。

生2：梯形的面积也可以等于（$a+b$）×（h÷2）。这个是用方法2得到的。

生3：虽然两种道理不一样，但是乘"h÷2"加不加括号算出来结果都一样的，所以也可以不用加括号。

学生鼓掌。

师：掌声表示同意，对吧?

师：这就是梯形（师板书课题）面积的计算公式。

教师板书：$S=(a+b)\times h\div 2$。

评析：梯形面积的计算方法有多种，本节课教师并没有刻意地规定学生一定要用哪种方法来计算梯形的面积，而是让学生经历了探究、辨析、计算后，于不同中寻找共性，让梯形面积公式的模型构建水到渠成。

（四）回顾总结，拓展延伸

师：同学们回想一下这节课，你们有什么收获?

生1：我知道用不同的方法算出梯形的面积。

生2：我知道怎么用公式计算梯形的面积。

生3：我知道怎么用1个梯形或2个梯形转化成我们学过的图形。

生4：我学会了用转化，移一移的方法来计算梯形的面积。

生5：我要总结上面几位同学的收获，求梯形面积可以用"割补法"或"拼合法"。

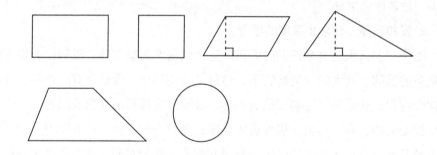

师：有了这些办法之后能计算出圆的面积吗?

生：能!

师：能计算出其他图形的面积吗?

生：能!

师：请同学们带着这些学习图形面积的经验下课!

评析：课末引领学生回顾反思学习过程，体验探究带来的成就感，让学生真正感受到学习的力量和学习方法的重要作用，为学生打开了探索图形面积的一扇窗。

【总评】

"梯形的面积"从模型建构的角度来看，它属于一节新授课，但是学习本节课之前，学生已经经历了平行四边形和三角形的面积公式推导，因而从学生已有的学习经验和学习方法的角度，我们不妨把它当作一节图形面积公式推导的练习课。邹老师很好地把握了本节课的教学地位和作用，以问题为导向、以梯形面积公式的推导为载体，有效构建小学数学说理课堂。在梯形面积公式推导的过程中，学生学习的主体地位得到有力的保证，学生的学习能力得到有效的培养，主要有如下几方面的特点。

1. 放手课堂，给学生充分的时间

课堂应该是学生成长的地方，课堂时间应该留给学生去探究、体验、解决问题。本节课教师设置大环节，充分放手让学生自主探究、合作交流、对话辨析，课堂上学生自信地表达、理性地对话，教师从容地退到幕后，做一位安静的参与者，只在合适的时候引导。本节课的师生语言的占比分别为28.27%和64.59%，非语言时间为7.14%，学生语言时间远远高出教师语言时间，真正做到让学生"站在课堂中央"。

2. 紧扣问题，让学生深度的思考

围绕"怎么求出这个梯形的面积"这个问题实施整节课，教师没有很多细枝末节的追问，在大问题的统领下，通过"自主转化—尝试计算—概括公式"的探究过程，让学生自主利用已有的学习经验探究梯形面积公式的推导。学生在反馈交流中，自主辨析，引发思维碰撞，激发交流兴趣，积累学习经验。课堂上教师并没有过多地干预学生的学习和交流，我们看到了课堂中学生能够安静地思考、轻声地交流、自主地合作、有理地表达，思考在不断地走向深处。

3. 相信学生，让学习真实的发生

真正好的课堂应该是能让学生出彩的课堂，学生的精彩才是课堂的真精彩，本节课让我们领略了学生真精彩！在梯形面积推导的全过程，教师始终静静地等待、守望，学生展示给大家的是真学习样态：学习的过程有波澜、有错误、有争论、有质疑、有接受、有赞同，课堂充满学生相互间高质量的对话，而这正是源于教师对学生从心底里的相信。相信学生，课堂自然会生成精彩！

评析：福建省普通教育研究室罗鸣亮。

让儿童立在课堂的正中央

——"说理"课堂理念下"梯形的面积"教学新思考

人教版《义务教育教科书·数学》5年级上册"梯形的面积"一课，是在学生经历了平行四边形、三角形面积公式的推导过程，掌握了"剪拼法""拼合法"这两种图形面积的推导方法，并能解决简单的实际问题，初步感受过"等积变形"和"倍积变形"的数学思想方法的基础上展开教学的。在基于深度学习的小学数学说理课堂教学理念的引领下，如何利用学生已有的多边形面积的学习经验，放手让学生自主探究，让数学学习真正地发生？如何让儿童立在课堂的正中央，真正成为课堂的主人？围绕这些问题，笔者在设计、执教"梯形的面积"这一课的过程中做了如下几点尝试。

一、站在单元模块的高度进行教学设计，用经验搭建说理的"脚手架"

经过推敲，我们将本节课的课题最终确定为"图形的面积——梯形"，这看似微小的变化其实承载着我们对教学内容新的理解和认识。"梯形的面积"这一教学内容从模型建构的角度看，它属于1节新授课，但从学生已有的学习经验和学习方法的角度，我们也可以把它当作1节图形面积公式推导的练习课。我们认为平行四边形和三角形面积推导的学习过程所积累的学习经验足够支撑学生自主探究梯形的面积，因此，我做出了如下教学设计。

课始，唤醒经验，打通联系，开门见山引出核心问题。

（1）开门见山，揭示课题：图形的面积。

（2）课件依次出示：长方形、正方形、平行四边形、三角形。

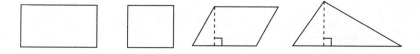

师：长方形的面积会算吗？正方形又怎么算呢？平行四边形呢？三角形呢？

学生依次说出这4种平面图形的面积计算公式。

课件继续出示梯形。

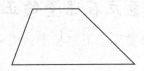

引出核心问题：怎样求出梯形的面积？

本教学环节不仅回顾了各种平面图形面积的计算公式，更重要的是通过简短的复习，唤醒了学生图形面积公式的学习经验，找到梯形面积公式知识的生长点和衔接处。实践证明，学生能够通过之前学习平行四边形面积公式的经验，自主想到"将梯形剪拼成已经学过的图形"；在学习了三角形面积公式的经验的基础上，学生能够自主地想到"用两个完全相同的梯形拼一个平行四边形"，再找图形之间的关系，推导出梯形的面积公式。这些已有的学习经验能够成为学习自主探究、自主说理的脚手架，有了这样的脚手架，学生自主探究就有了方向。

课末，回顾反思，积累经验，教学设计如下。

师：孩子们，回想一下这节课，你有什么收获吗？

预设：学生回顾本节课的学习过程，总结梯形面积公式推导的方法及公式推导的经验。

通过引导学生回顾梯形面积公式的推导过程，让学生在对比中总结概括出图形面积公式计算的一般方法和学习经验，如将未知转化为已知，转化的方法有"剪拼""拼合"，图形转化之后要找前后两个图形之间的关系等。

师：有了这些办法之后，圆的面积能计算了吗？

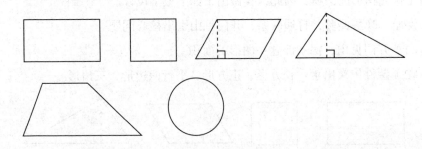

师：其他图形的面积能计算吗？

通过这样的回顾，打通小学阶段所有平面图形面积的计算公式的学习经验，让隐性的数学思想方法显性化，有利于学生夯实图形面积的公式推导的一般方法，并且实现了知识的结构化和系统化。

二、改变教学行为、精心设计教学环节，给足说理的时间

在构建"说理"课堂的过程中，"学生没有说理的时间"是一个突出的问题，结合"梯形的面积"一课的教学，笔者认为我们可以通过以下几个策略省出时间给学生。

1. 减少不必要的教学环节，省出时间给学生

教学片段

（1）课件出示：学校新建的儿童篮球场，三秒区是个梯形，如果要给三秒区铺上红色塑胶，需要红色塑胶多少平方米？

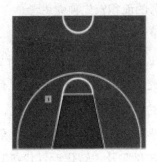

师：要解决这个问题需要知道哪些条件？

（2）复习梯形各部分名称。

（3）猜测梯形面积计算方法。

问：哪种算法是正确的？怎么才能证明？

在备课的初始阶段，本着将数学知识生活化的目的我设计了以上的教学情境，但在实际教学中，发现学生对于"三秒区"的理解是有困难的，借用生涩的情境展开教学是有困难的，没有实践、缺乏思考的猜测往往是"瞎猜"，无效且浪费时间，像这样的环节就删除，省出时间给学生。

2. 减少教师无效言语时间，省出时间给学生

所谓"教师无效言语"，就是学生已经知道的（包括大量的教师重复学生

的发言），学生不需要知道的（有些是讲给评委、听课老师听的话），还有讲了学生也听不明白的（拔高学习要求的内容）。以上这几类语言我们都尽量不讲或者少讲。如在"梯形面积"教学设计的过程中，围绕如何让学生自主推导面积公式，我经历过如下教学设计。

设计1

问：梯形的面积你们会算吗？能自己想办法寻找梯形面积的计算方法吗？

师：要推导梯形的面积公式你需要用几个梯形？为什么？

师：先独立思考，再集体交流。

转化方法1：用两个完全相同的梯形拼。

转化方法2：用一个梯形剪、拼。

师：转化之后要观察、思考哪些问题？

观察与思考：转化前后两个图形有什么关系？

设计2

师：怎样求出这个梯形的面积？先独立思考。

师：可以同桌商量商量该怎么求？

在第1个设计中，我们似乎可以读出教师对自己的克制与退让，也透露出教师很想给学生以自主探究的空间，指令性的语言有所减少，但是也流露出教师的内心对学生前置学习的不放心、不相信，因此，大量喋喋不休的提示、铺垫仍然存在。实践证明，学生基于平行四边形和三角形面积公式推导的经验，在梯形面积的教学中，"转化"及"转化后寻找新旧图形之间的关系"已成为重要的学习经验根植于心了，无需教师过多的言语，在"怎样求出这个梯形的面积"这一大问题的引领下，学生有能力以之前探究图形面积的经验，自主思考"需要用几个梯形""转化后要观察、思考哪些问题""转化前后两个图形有什么关系"，自主搭建出"说理"的脚手架。这些学生已经知道的话语不必讲。

本节课在经过多次试教、磨课、调整之后，最终课堂教学的师生语言的占比分别为28.27%和64.59%，非语言时间为7.14%，学生语言时间远远高出教师语言时间。

三、以核心问题引领学生多角度说理，提供充分说理的素材

在"梯形的面积"教学过程中，有的教师选择让学生同动手操作，用两个完全相同的梯形拼成一个平行四边形，然后通过课件演示让学生观察平行四边形与梯形的关系，最后归纳总结出"梯形的面积=（上底+下底）×高÷2"，再通过一定量的习题对公式进行运用，学生计算梯形面积的正确率高，大部分学生能够明白因为梯形的面积是拼成的平行四边形面积的一半，因此梯形的面积公式是"（上底+下底）×高÷2"。但这样的教学设计，显然忽视了学生学习的主观能动性，忽视了学生真正的学习需求，束缚了学生的思维。学生已有"等积变形"和"倍积变形"经验的情况下，必然会产生不同的推导公式的方法，不同的学生会从不同角度推导公式。因此，在教学过程中，如何尊重学生的需求，让数学学习真正发生？我在实际教学中，围绕"怎样求出梯形的面积"这个核心问题，提供足够多的梯形学具让学生大胆尝试，运用不同的方法进行转化，在汇报交流阶段紧紧抓住计算梯形的面积"为什么除以2"这个核心问题，让学生在多种方法的对比、审辨中，通过生生之间的对话，寻找不同方法之间的相同点，进而展开多角度的说理，取得了良好的教学效果。

方法1：用两个完成相同的梯形拼成一个平行四边形。

预设：把两个梯形拼成了平行四边形，先算出平行四边形的面积再除以2，就可以算出梯形的面积。

"除以2"的道理是梯形的面积是拼成的平行四边形面积的一半。

方法2：把一个梯形剪拼成平行四边形。

预设：它是把一个梯形沿两腰中点的连线剪开，再拼成一个平行四边形。

"除以2"的道理是拼成的平行四边形高是梯形高的一半。

方法3：把一个梯形剪拼成两个三角形。

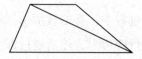

预设：把一个梯形沿着对角线剪成两个三角形，两个三角形的面积相加就是梯形的面积。

"除以2"的道理是三角形的面积计算方法是"底×高÷2"。

我们在教学中，要积极寻找适合学生说理的素材，通过对核心问题的精心设计，把有空间、有余地的问题和素材呈现到课堂，为学生的深度学习、深度思考提供可能。

第二章　相信，让学生在课堂中绽放光芒

指向周长本质的教学设计
——"周长"教材解读与教学活动设计

在基于深度学习的"说理"课堂教学理念的指引下，我们该如何进行教材解读？如何提炼核心问题？如何设定教学任务？让学生的学习真正地发生呢？"周长"这节课的教学应如何凸显"周长"这个概念的本质，让学生独立自主地走向深度学习呢？

一、横向比较解意图

思考："周长"要教什么？

我们通过对人教版、北师版和苏教版3种版本教材进行横向比较，从素材选择、概念界定、概念呈现方式等方面着眼，进行对比，深刻理解教材的编写意图，理清"周长"这节课到底要"教什么"。

对比维度	人教版	北师版	苏教版
素材选择	树叶、三角板、数学书的封面、时钟、几何图形（五角星形、三角形、长方形、正方形）	树叶、数学书的封面（抽象出长方形）	书签、几何图形（三角形、四边形）

续　表

对比维度	人教版	北师版	苏教版
核心问题	你有办法知道上面这些图形的周长吗	用彩笔描出树叶和数学书封面的边线	你能指一指每张书签一周的边线吗？ 下面每个图形的周长各是多少？你是怎么知道的？和同学交流
探究方式提示	1. 用尺子量 2. 用绳子卷	1. 教材演绎蚂蚁爬树叶一圈，铅笔画书的封面一圈。 2. 绳子绕树叶一圈	用绕线法测量树叶的周长，并呈现化曲为直的过程
活动类型提示	量	1. 描 2. 认一认（观察） 3. 量一量 4. 数一数	1. 指一指 2. 量
概念呈现形式	演绎式	描述式+演绎式	描述式
概念描述	封闭图形一周的长度，是它的周长	1. "我"（蚂蚁）爬过一周的长度就是树叶的周长。 2. 图形一周的长度就是图形的周长	书签一周边线的长就是它的周长

通过上表可见，3种版本教材编写体现了如下几个特点。

1. 素材选择凸显概念本质

各版本教材均十分注重选取学生熟悉的事物作为研究的素材，如树叶、书本、时钟等，且能够适度抽象出几何图形。北师版教材从数学封面抽象出长方形，苏教版、人教版教材则另外提供若干个学生熟悉的几何图形。在素材选择的过程中，各版本教材均从任意图形入手，充分考虑曲线图形及不规则图形在周长认识过程中的关键作用，树叶、书签等素材的使用能够帮助学生突破"周长必须是能够计算或者能够用直尺直接测量"这样的认知障碍，帮助学生更好地认识周长的一般含义。

2. 核心问题引导学生在活动中体验、感悟概念

3个版本教材对核心问题呈现和探究任务的要求各有不同。北师版教材以指令的形式让学生描出边线，苏教版在指边线的基础上引导学生思考其他图形的周长，并引导学生思考"你是怎么知道的"，人教版教材则是以"你有办法知道上面这些图形的周长吗"放手让学生自主探究。"描""指"或"绕"这些关键性操作活动都突出体现了让学生在活动体验中建构"周"概念的要求。

3. 概念描述求同存异

3个版本教材对于概念的描述略有不同，人教版教材在呈现多种图形的周长后，采用"属加种差"的方式将周长的概念提炼概括为"封闭图形一周的长度"，呈现了周长的上位概念"封闭图形"。苏教版教材则是采用描述式以具体实例"书签一周边线的长就是它的周长"，说明什么是周长，并不解释周长的内涵。北师版教材则是描述"我（蚂蚁）爬过一周的长度就是树叶的周长。"提炼概括出"图形一周的长度就是图形的周长"3三种版本教材对周长概念描述的关键词均为"一周的长度"，"周"作为动词就有"绕一圈、环绕"的意思，作为名词就有"圈子；环绕中心的外沿"的含义。"一周的长度"简明地揭示了周长的本质。

二、纵向比较理结构

思考：关于"周长"，学生的认知起点在哪里？

我们通过纵向解读小学阶段关于长度教学内容，打通"周长"前后教学内容之间的联系，寻找学生学习的起点。

3个版本的教材关于周长的教学内容均安排在"长方形和正方形"这个单元，都是在学生认识了长方形和正方形之后，再开始研究周长。学生在研究长方形和正方形的过程中必然经历研究图形边长、边线的过程，对周长有一定的感知，学生在第一学段已经学习了线段的测量，积累了一定的研究经验。

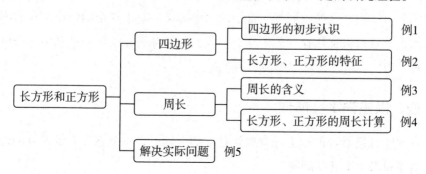

学生认识了周长后，将进一步研究长方形、正方形周长的计算，在理解周长意义的基础上探究特殊图形周长的计算公式。第三学段学生将学习圆的周长、圆周长的计算，还将研究类似周长的长方体、正方体的棱长、棱长总和。

三、分析学情找起点

思考：关于"周长"，学生真实的学习起点到底在哪里？

通过教材解读我们能够理清教材结构，明确了"周长"这节课在学生测量学习中的地位，学生关于"周长"又有哪些生活经验呢？学生学习真实的起点到底在哪里？笔者做了一些前测及分析。

第1题：你知道什么是周长吗？

接受问卷的125名3年级上学期的学生，有93人表示知道什么是周长，占74.4%，还有32人，也就是有25.6%的学生认为自己不知道什么是周长。

第2题：请你举个例子说明什么是周长。

在74.4%认为自己知道什么是周长的学生中，一些学生能够用"一个盘子的一圈""桌子有四条边，四条边相加就是周长""绕操场跑一圈，这一圈的长度就是操场的周长"等生动的语言比较准确地描出出自己对周长的理解；也有部分孩子能够穷尽自己的语言努力表达自己心目中周长的概念，如"周长是物体外面的物体""环绕有面积区域边缘的长度""围成图形的所有边长的总和"等；还有一些自以为认识周长的学生，其实对周长充满深深的误解，如"周长是不是校长""周长是7天，很长"，他们甚至无法读清楚周长这个名称，存在周长（zhǎng）这样的误读误解。

如何让学生感知到周长是研究长度的，如何让学生基于已有的知识经验和生活基础理解"周"的含义？我进行了深入的了解，语文学科，3年级会正式学习"周"，认识并掌握"周围"这个词的声形义。基于这个的认识，我们的课堂落脚点显然可以聚焦在"周"字上，我们的任务是让学生在活动中充分体验什么是"周"，进而理解"周长"的概念。

四、以生为本行道理

在基于深度学习的说理课堂教学理念的引领下，本节课在教学设计的过程中，着重思考以下几个问题。

（1）关于周长，学生的真实困惑是什么？哪些知识学生可以自主获得，哪些需要进行课堂对话？

（2）在尊重教材的前提下，如何把课堂还给学生，让学习真正发生？

基于以上的思考，本节课努力实践基于问题驱动的小学数学说理课堂，以"问题驱动—独立思考—合作交流—课堂对话"为主线组织教学。从教材解读出发，深入研读教材，理解周长的本质；再从大量的前测数据中进行学情分析，根据学生的真实困惑提出"请举例说明什么是周长"和"怎样量、怎样算周长"这两个核心问题，以核心问题引发学生独立思考，尝试解决问题，再进行小组交流、课堂对话，在倾听、思辨、质疑、反驳、接受、纠错、表达等一系列活动中，逐步完成对知识的构建和学习能力的培养。设计如下教学流程。

（一）探究核心问题1

什么是周长？请举例说明。

任务1：找一找或画一画，说明什么是周长。

（1）独立思考，举例子。

（2）4人小组交流，辨析例子是否正确。

（3）课堂对话，提出有"争议"的例子，进行全班讨论。

★**教学小贴士**：教师要围绕学生的真实的争议组织交流讨论，在辨析、纠错中逐步深化其对于周长的认识。

学生活动1：反思质疑。

关于周长你还有哪些疑问？

★**教学小贴士**：鼓励学生基于对周长的现有认识，提出不明白的问题和想继续研究的问题。

学生活动2：辨析。

这3个图形都能量出周长吗？说说你的理由。

★**教学小贴士**：本环节是机动环节，如果学生汇报"争议"能有效突破重难点，可不呈现。如果课堂对话不够深入，教师可借用本环节的素材推动学生对"什么是周长"做进一步的思考，深化对周长的认识。

（二）探究核心问题2

怎样量、怎样算周长？

任务1：量一量、算一算，下面两个图形的周长是多少？

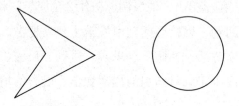

学生活动1：量、算周长。

（1）独立完成，提出困难。

（2）小组交流突破难点。

①讨论：圆的周长怎么量？

②根据小组商定的方案，自主选择测量圆的周长的工具。

③完成测量、汇报结果。

★**教学小贴士**：为了促使学生更独立地思考、探究圆的周长的测量方法，教师不急着给学生提供学具，而是先让学生自主探究，等学生确定好解决问题的方案后，再由他们自主选择学具进行测量。

（3）课堂对话。

任务2：辨一辨。

淘气说A、B两个图形的周长相等，你同意吗？说说你的理由。

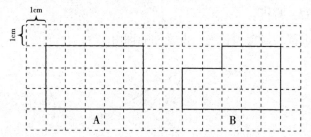

学生活动2：思考判断，表达观点和理由。

（1）独立思考。

（2）课堂对话："怎样算两个图形的周长？"算出周长再比较。

★**教学小贴士**：本教学环节要注重引导学生表明观点"对"或者"不对"，并说清理由，培养学生"言必有据"的好习惯。

（三）课外拓展：观察与发现

图形甲和图形乙的周长相等吗？观察这3幅图你有什么发现？

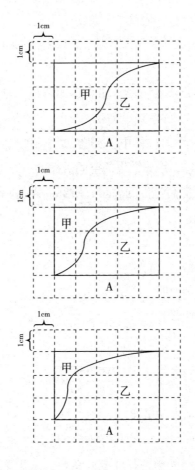

★**教学小贴士**：本环节为机动环节，当学有余力时，可作为拓展提升内容，旨在让学生初步感知"周长"与"面积"的不同。

给学生一个机会，还课堂许多精彩

——"周长"教学实录及评析

【教学内容】

《义务教育教科书·数学》（人教版）5年级上册第83、84页。

【教学目标】

1. 通过举例具体实物或者图形，初步感知周长，能够正确理解物体表面或简单图形的一周就是周长。

2. 在量一量、算一算的过程中，深化对周长的理解，了解周长的测量方法，渗透化曲为直的思想，培养学生的空间观念。

3. 在交流互动中，提高学生的思辨、质疑、表达、倾听等能力，培养学生言之有据的理性精神。

【教学过程】

（一）探究核心问题1

什么是周长？请举例说明。

师：今天我们学习什么？

生：周长。

师：什么是周长？

停顿，学生纷纷举手。

师：什么是周长？请举例说明。

评析：基于学生的课前预习，教师开门见山直奔主题，让学生举例说明"什么是周长"。这样的教学设计既省时高效，又让学生感到自学有收获，内心充满对周长认识的自信与表达欲。

（1）学生独立思考，并且把自己的想法记录在学习单上。

（2）4人小组交流。

（3）课堂对话。

师：在小组交流中，有争议吗？

请一个4人小组上台汇报。

生1：他们觉得周长是一周的长度（手指A4练习纸四条边），我们觉得只是这一条边的长度（手指A4练习纸的长）。

生2：周长到底是只算一条边的长度，还是一周的长度？

生3：我同意生2说法，周长就是一周的长度。

生4：补充，就是周围的长度。

生5：是一周的长度。（师板书：一周）

生鼓掌。

生6：我还是不太懂。

有同学举手，想补充。

生"边量练习纸一周的长度边说"：量出宽是5厘米，长是8厘米……然后加起来。

师追问生1：周长到底是"一周"的长度，还是"一条边"的长度？

生1：一周的长度。

全部学生鼓掌。

师：哪组还有争议？

另一4人小组上台。

生：我们组的欣怡问"周长有什么作用？"

师：你们提这个问题，但你们还没办法解决是吧？

师：挺好的。好，谢谢。我们记下他们的问题。

师：关于周长还有争议吗？

生：周长是不是都用厘米作单位？

师：你们同意吗？有没有一定的道理？

生：有。

师：如果到操场去找周长的话，或许它就变成了什么？

生：几米。

师：这是为什么呢？

生：操场很大，大的时候，周长就是几米，小的时候周长就是几厘米。

师：这说明周长是在研究长度。（师板书：长度）

师：关于什么是周长还有争议吗？

第3个小组上台。

生1：刚才说周长是"一周"的长度，为什么书上说是"密封"的图形啊？

生2：封闭。

生3：就是没有开口的图形。

师：不冲动。听清同学的问题，他们是想弄清"封闭"和什么？

生4："封闭"和"一周"之间的关系。

生画下图。

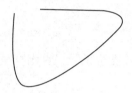

生1：像这样有个口子就不是"封闭"，也不是"一周"。

生5："一周"是没有口。

生6："封闭"也是没有口，是一样的。

师：无论是"一周"还是"封闭"，其实都是一回事。

师：什么是周长，各位同学还有争议吗？

生1：周长一定（重音强调）是"封闭"的吗？

师：对于生1的提问，请你们冷静思考，做出判断。认为一定是封闭的打钩，不一定封闭的打叉。请用手势告诉老师你的选择。

学生用手势表明观点。

师（缓缓地说）：打钩的同学请坐端正，打叉的同学请站起来。

全班只有一个学生站了起来。

师：请大家先给这位同学掌声，表扬他的坚持与勇气。

全班鼓掌。

师：让我们听听这位同学的理由。

生1：没有封闭也可以量啊！所以周长不一定要封闭。

其他学生迫不及待地反驳。

生8：那是一条线。

生9：一条线段而已。

生10边说边用手比画："一周"啊！没有封闭就不是"一周"了，也就不是周长了。

生（齐读）："周"。

生10：周长就一定是封闭的。（师板书：封闭）

师：生1观点有没有发生改变了？

生1：有。

师：因为它是"周长"啊，不是其他长度。

生11：不是"线长"，所以一定要封闭。

师：关于周长你们还要什么问题想研究？

生12：周长怎么量？

生13：圆的周长要怎么量？

师：好的，谢谢你们。那我们就来研究周长怎么量，好吗？

评析：本节课课堂对话是亮点之一，教师大胆地将课堂对话的话题选择权交给学生，从"你们小组有什么争议"出发，真实地将课堂内容聚焦在学生组内交流无法解答的困惑上，把有效的教学时间聚焦在学生真正需要的地方，做好"学生会的不讲""学生通过交流能够明白的不讲"，在追寻高效课堂上做出了有意义的尝试。

（二）探究核心问题2

怎样量周长？

出示下图。

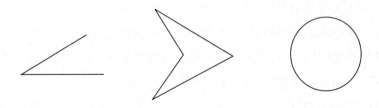

师：这些图形都能量周长吗？

生1：能。

生2：第2、3张图能量。

师：认为图1不能量出周长的同学请坐端正，认为能量的同学请举手。

全班坐端正。

师：图3呢？是有周长不会量，还是没有周长呢？

师：认为图3没有周长的请举手。

有4个同学举手。

师：拿出学习单，自己先想想办法，看看图2、图3是不是能够量出周长。

学生独立思考。（4分钟）

小组交流。

讨论2分钟后，师出示工具：毛线、软尺。

师：需要工具的小组，每组派一个代表上来领取你们需要的工具。

小组合作约7分钟。

师：还没有量出结果的小组请举手。请还没有测量出结果的小组举手示意。

有的小组举手了。

师（向他们竖起大拇指）：很坦率！

师：我们来听听他们遇到了哪些困难，好吗？

生（响亮地回答）：好。

师：有困难的小组优先说，有困难的小组请举手。

有3个小组举手了。

生1：我认为圆没有周长。

师：生1学习好是有道理的，他对待学习有他的坚持。刚才第一个问题没有弄清楚，所以，量周长有困难了。谁来跟生1讲讲道理，圆有没有周长？

生（七嘴八舌）：有。

师：有观点还要有理由。

生2：因为圆是没有缺口的，是封闭的，所以有周长。

生3自觉跑上讲台，边演示边说：我可以做给他看。我用线绕圆一圈，然后做个记号，打开量出来就是圆的周长了。

多数学生表示赞同。

师：我现在比较关心的是生1的观点。你现在认为圆有周长了吗？

生1：圆和其他图形有很多不同，其他图形有角，圆没有角。其他图形的边线是直的，可以量，圆的边线不是直的。

生4：周长跟有没有角、边线是不是直的没有关系，只要是封闭图形就是有周长的，就算量不出来也是有周长的。

全班同学自发鼓掌。

师：我想这个掌声既是送给生4的，也是送给生1的，生1不仅有自己的坚持，在听清道理后又能够接受别人的意见，他的提问让我们对周长有了更深的理解。

师：圆的周长你们量出来了吗？

生纷纷举手并说出圆的周长：12厘米。

师：刚才很多小组选择了用毛线进行测量。在老师提供工具之前，老师就看到了生5用口罩的带子在量，生6把圆分割成接近一厘米的小段在算，还有生7用手指在量。

师：看来圆不仅有周长，而且圆的周长一定是可以量出来的，办法总比困难多。

评析：给学生一个机会，学生还课堂一个精彩。在如何测量周长的教学环节，教师改变提前为学生准备绳子、卷尺等学具的做法，很好地规避了通过学具暗示学生"化曲为直"的做法。在教师没有提供学具的情况下让学生独立思考，更真实地经历解决问题的过程，学生独特的思维与解决问题的能力得以呈现，课堂百花齐放，测量方法多样且有效。

（三）拓展练习、深化认识

师：学生对周长的定义和怎样量周长都有了一定的了解，淘气和你们一样在研究周长。他的说法你们同意吗？

辨一辨：淘气说下图A、B两个图形的周长相等，你同意吗？说说你的理由。

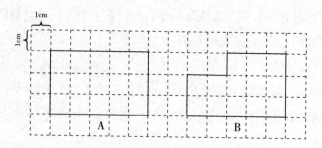

生（脱口而出）：同意。

师（追问）：理由呢？任何观点的选择都要有理由。

师：请学生独立思考，把你的理由写在学习单上。

学生独立思考（3分钟左右）。

有学生陆续举手。

师：把你的想法和同桌说一说。

同桌交流讨论。

师：先表态。同意淘气说法的同学举手。

大多数学生举手。

师：我现在关心的是不同意淘气说法的同学，不同意的举手。

部分学生举手。

师：我们来听听不同意的同学的理由。

生1指着图B说：这边少了两格，比较小，所以不相等。

生2举手反对。

生2：周长不是这样的，周长是量边线的长度。

生2边指边数边说：图A周长有16格，图B周长也有16格，所以两张图周长相等。

有些学生掌声，有些学生举手。

生3：这是"笨"办法，我可以有比较简单的方法。

生3边指图B边说，可以把这两条线移到外围，它们的周长是相等的。

师：同意吗？

生（齐）：同意。

师：这三幅图中的甲和乙的周长相等吗？

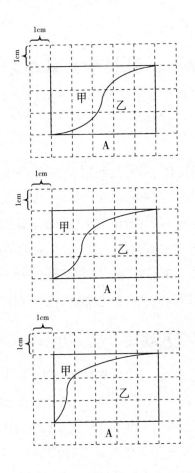

学生迫不及待发言。

师：不着急。课后冷静研究，把你的观点和理由说清楚，好吗？

生：好。

评析：这是一组指向高阶思维的练习，让学生在表态、说理由的过程中不断思辨、表达。通过错误资源的纠正，让学生一次次走出面积的大小影响周长的误区，一次次感受到周长的本质。至此，学生对周长的理解就不仅仅停留在字面上，而是在辨析中已经能够清晰构建起"线的长度"的概念，深刻理解周长的本质了。

"说理"，引领学生触摸知识本质
——"说理"课堂理念下的"周长"教学新思考

曾几何时，教学周长时，我总是纠结于如何让学生用稚嫩的声音说清"封闭图形"这个拗口的名词。教师给出了这样的定义，又怕讲授的味道太浓，想让学生自主用"封闭图形"对周长的定义进行描述课概括，实在是有些难度，因为"封闭"对三年级学生而言是一个比较生僻的词语，他们更愿意说"密封""一圈""合起来"等。在深入研究了周长这节课后，我尝试着放弃对"封闭"的执念，转而把引领学生通过说理深化对周长本质的理解放在首位。

一、教材解读给了我底气

通过3个版本教材的对比，3个版本教材分别是这样定义周长的："封闭图形一周的长度是它的周长""图形一周的长度就是图形的周长""书签一周边线的长就是它的周长"。我们不难发现只有人教版教材用来"封闭图形"这个名词，而苏教和北师版教材并没有提及"封闭图形"，原来不纠结"封闭"也可以把周长学好。"一周的长度"就是符合学生年龄特征和认识规律的，对周长的描述了。

二、开放的核心问题，让学生的思维显性化

本节课的第一个核心问题：什么是周长？请举例说明。"举例说明"这一开放的要求能够让学生自由地、真实地表达对周长的理解。在举例的过程中，对与错、是与非都能够如实地反馈在学习单上。学生在画图或者语言描述的过程中，能够很好地表达自己对"周"和"长"的理解。同样的A4纸，有的孩子认为周长是四条边的长度，有的学生却认为周长只是较长的这条边的长度，很显然持第二种意见的学生明白了"长"却暂时还不懂得"周"。还有部分学生

通过画"没有缺口"的图形，表达了自己对周长的理解。在这一个个形象生动且丰富的例子中，每一个学生的思维都得以显性化，在这一个一个例子的辨析中学生对周长的认识已远远超越教材呈现的有限的素材，不断触摸到周长的本质："周"即绕一圈，"长"是长度。

三、让学生在思辨的过程中理解周长的本质

"同意或者反对"，请表达观点并说明理由，这是这节课教学过程中师生良性互动的常态，教师始终以民主的态度，不偏不倚地出现在课堂上组织教学。面对学生之间观点的碰撞和冲突，教师并不急着给出正确答案，而是一次次耐心地用举手、打钩打叉等形式让每一个学生真实地表明自己的立场，进而在阐述理由的过程中，一点点地触摸到知识的本质。如在"圆有没有周长"的教学环节，第一回合讨论后，没想到仍有个别学生没有真实领悟，教师给足时间和空间让学生进行第二回合的思辨与说理。在生生互动中，学生逐步从"无法量""没有角"等认识误区中走了出来，逐步走向"封闭的""一周"的长度，从而从本质上理解了周长的概念。

第三章　退让，让学生成为课堂的主角

立足教材基于困惑　探寻度量的一致性

——"角的度量"教材解读及教学思考

在基于深度学习的说理课堂教学理念的指引下，我们该如何进行教材解读？如何基于学生的真实困惑，提炼核心问题设计学习任务？我们该如何站在度量这一类课的视野下进行"角的度量"的教学呢？

思考一："角的度量"要学什么？

我们通过对人教版、北师版和苏教版3种版本教材的横向比较，从细微处着眼，理解教材的编写意图，理清"角的度量"这节课要教什么，学生要学什么。

对比维度	人教版	北师版	苏教版
引入方式	数学问题：下面哪个角大？大多少	生活情境：滑滑梯	数学问题：你能用三角尺上的角量出这个角有多大吗
问题呈现	怎样用量角器量出$\angle_1$的度数	如何度量3个角的大小呢？说一说	你能用三角尺上的角量出这个角有多大吗
感受统一单位	无	1.做了1个和$\angle_1$一样的大小的角去量。2.如果折的角再小一点儿，会更准确	用$\angle_1$量，有1个$\angle_1$那么大，用$\angle_2$量……用$\angle_3$量……

对比维度	人教版	北师版	苏教版
1°角的描述	人们将圆平均分成360份，将其中1份所对的角作为量角的单位，它的大小就是1度，记作1°	将圆平均分成360份，每一份所对的角的大小叫作1度（记作1°）。通常用1°作为度量角的单位	把半圆分为180等份，每一份所对的角是1度角。度是角的计量单位，用符号"°"表示，如1度记作1°
活动提示	用三角尺量一量	用直尺量、用角量	分别用三角尺的∠₁、∠₂、∠₃量
重难点突破方式	1.以填空的形式给出量角的步骤。 2.在练习中对比辨析	1.先估再量，以续写的形式给出量角的步骤。 2.对比辨析"是70°还是110°呢"	1.完整给出量角步骤。 2.引导示范从0°开始数起，看另一条边所对的刻度是多少。具体表述为："从右边起，依次找出0°、20°、90°、135°和180度的刻度线；再依次从左边起，找出这些刻度线"

3种版本教材编写体现如下几个特点。

1. 引入方式各有侧重

北师版教材从生活情境入手，凸显数学在生活中的应用，能够让学生感受角的大小与解决生活实际问题有关联。人教版和苏教版教材从数学问题入手，苏教版教材引导学生用三角板上的角量角，让学生在活动中感受到统一单位的必要性。人教版教材则通过"大多少"的追问，引发学生认知冲突，让孩子意识到只会比角的大小是不够的，从而产生精准描述角的大小的需求，让学生感受到度量的作用，也引发了认识度量工具、度量单位的需求。

2. 统一单位有所取舍

这节课是否有必要让学生感受到统一度量单位的必要性，3种教材各有取舍。有的教材考虑到学生在学习线段的度量、面积的度量这一系列的过程中已经比较充分地感受到统一单位的必要性，学生已经积累了比较丰富的相关经验，因此并没有刻意针对是否需要统一度量单位及为什么要统一度量单位进行专门的设计，如人教版教材。而北师版和苏教版教材都有意安排了统一度量单位的环节，苏教版教材通过利用三角尺三个角度量同一个角得到不同的数据让学生感受到统一度量单位的必要性；北师版则是通过设计用直尺和角两种不同的工具量角得出不同结果,让学生感受统一工具、统一单位的必要性,自然而然地引出量角器和对1°角的认识。

3. 难点突破强调辨析

对于量角的过程中读内圈刻度或者读外圈刻度这一个难点,各版本教材的突破侧重点有所不同,但总体都是强调让学生在对比、辨析的过程中突破难点。北师版教材表现得特别明显,教材中通过"是70°还是110°"这个问题直接呈现学生困惑,再引导学生独立思考;苏教版则是通过引导学生"在量角器上,从右边起,依次找出0°、20°……;再从左边起,依次找出0°、20°……"这样的活动,让学生充分感受0刻度线与内外圈刻度之间的关系。人教版教材在新授环节没有刻意凸显对这个难点的处理,它主要让学生在自主探索量角方法之后,以填空的形式对量角使用的关键步骤进行梳理,并且在练习的第1题就设计了度数相同,但位置、开口不同的两个角让学生读度数。

综上所述,我们认为本节课的教学应当让学生初步体会直观感受的局限性和测量工具的重要作用,切实体会度量角的必要性。还应该让学生经历尝试量角并提出困惑的过程,再通过交流、互动,在倾听、思考、辨析、表达的过程中掌握用量角器量角的方法,深化对量角器构造及原理的认识,同时感悟度量的本质。

思考二:关于角的度量学生的真实困惑是什么?

我们通过纵向对比教材,梳理小学阶段关于度量的教学内容,打通了角的度量与前后教学内容之间的联系。我们不难发现,学生在学习角的度量之前,已经经历了几次线段度量的学习,又经历了面积度量的学习,对于度量需要"选择恰当的工具,确定合适的单位、掌握正确的方法"是有比较充分的经验的,对于度量需要统一单位也有过不止一次的体验。学生关于"角的度量"的真实困惑到底是什么?这节课学生学习的起点应该在哪?为此,笔者做了相关的调查研究,具体分析如下。

角的度量前测单

1. 你能比较下面这两组角的大小吗?(在括号里填上>、<或=)

(1)

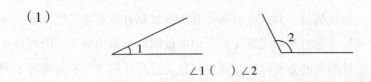

∠1(　)∠2

（2）

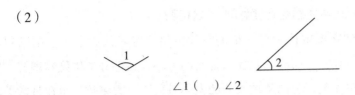

∠1（　）∠2

2. 你能选择恰当的工具量出下面这几个角有多大吗？

你选择的工具是_____，量出的角有多大，请写在（　）里。

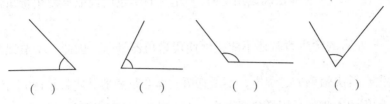

（　）　　　（　）　　　（　）　　　（　）

我们在市属重点小学随机抽取两个班共100名学生进行前测。关于角的大小比较第（1）题正确率为99%，仅1个学生判读错误，第（2）题正确率为85%，填小于号的为11%，认为大小相等的有3%，还有1%的学生未作答。量角工具的选择有79%的学生选择量角器并且能够准确说出量角器的名称，3%学生能够使用量角器但不知道其名称，填写"半圆"，还有1%的学生填写圆规，但实际使用是量角器；2%的学生选择直尺，6%选择三角尺，1%的学生写侧角，另有8%的学生未作答。在角的度量前测中，认识并正确使用测量单位的占62%，用长度单位进行测量的占7%，仅填写数字未写单位的占25%，4%未作答。以上四个角度度量正确率分别如下。

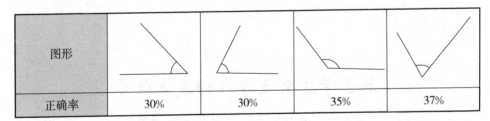

图形				
正确率	30%	30%	35%	37%

学生提出想研究的问题有："怎样用量角器量角""量角器能干什么""量角器为什么需要两圈刻度""量角器为什么做成半圆而不是圆""量角器上有哪些角""为什么把圆平均分成360份，而不是分成100份、1000份呢"等等。关于角的度量，学生的真实困惑应该是聚焦在角的度量操作方法背后的道理上，如为什么量角器需要两圈刻度？量角的时候，角的顶点为什么不是对准0，而是必须和量角器的中心对齐？

思考三：如何让学生感受到度量的一致性呢？

基于对教材的深度解读和对学情的具体分析，笔者认为学生前期已积累了一定的角的度量经验，明确知晓什么是角的大小，大部分学生能够理解"角的大小与边的长短无关，与两条边叉开的大小有关"；大多数学生在日常学习生活中通过各种途径已经接触或认识了量角器；大部分学生已经知道度量角的单位是"度"，并能够正确运用；有 $\frac{1}{3}$ 左右的学生已经能够使用用量角器进行量角，$\frac{2}{3}$ 左右的学生暂时还不能正确使用量角器量角。因此，本节课的教学应让学生在解决困惑的过程中，不断感悟、体会量角器其实就是180个1°角的集合，量角的本质就是用量角器上这一个个的1°角不断累加，数出1°角的个数，从而准确描述角的大小。

因此，使用量角器量角时，角的顶点必须和量角器的中心对齐。只有顶点对准中心才能实现"角角重合"，这样才能准确用量角器中的1°角去数出角的度数。这和之前学习测量线段的道理是一样的。当我们用厘米做单位量线段时，实际上就是用1厘米长的线段去数有几个1厘米；用分米、米做单位就是数几个1分米、几个1米；量面积其实就是数出或算出平面内有几个1平方厘米、几个1平方分米或几个1平方米。后续，研究体积的度量从本质上说也是这样的，计算物体或立体图形的体积其实也就是在计算它有几个体积单位。

基于学生自主学习的度量教学

——"角的度量"教学实录及评析

【教学内容】

人教版义务教育课程标准实验教科书《小学数学》4年级上册第40～41页。

【教学目标】

1. 了解量角器的构造特点，知道角的度量单位。

2. 经历量角方法的探索过程，掌握正确的量角方法。

3. 培养学生自学能力与合作交流能力。

【教学重点】

1. 了解量角器的构成特点及工作原理。

2. 掌握量角的技能。

【教学难点】

在理解量角器工作原理的基础上掌握量角的方法。

【教学准备】

多媒体课件。

【教学过程】

师：同学们，今天我们要学习什么？

生齐答：角的度量。（揭示课题）

（一）汇报课前自学成果

出示：量角器。

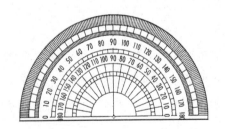

师：认识上图是什么吗？

生：认识。

师：它是什么？

生：量角器。

师：量角器是干什么的？

生1：是测量角的度数的。

生2：是用来量角的工具吧！

师：是测量角的工具。

师板书：工具。

课件演示角的各部分构造，学生逐一说出各部分名称。

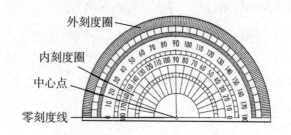

师：再看，如果认识就大声说出来。

生1：中心。

生2：零刻度线。

生3：度数。

师：这是刻度，它在里面被称为什么？

生4：内圈刻度。

生5：外圈刻度。

生6：1度。

师：1个小格是1度。

生：是量角的单位。

评析：量角器的构造这部分内容通过让学生课前自学，课上直接汇报交流学生成果，比较好地体现了学生学习的主动性。充分尊重学生课前自学成果，能够让学生感受到自学的成果，省时高效。但学生对于量角器构造的原理显然关注不足。

（二）提出困惑

师：关于量角，你们还想研究哪些问题？

生1：如果图上角的边长太短，够不到写刻度的地方怎么办？

生2：顶点和中心为什么要对齐？

师：不仅知道该怎么做，还想知道背后的道理。还有谁想问？

生3：为什么量角器有180°？

生4：什么时候看内圈的刻度？什么时候看外圈的刻度？

生5（指着量角器的刻度问）：那些格子有什么作用呢？

生6：为什么量角器要分内格、外格呢？

师：有没有同学想知道量角器该怎么用？

许多学生举手。

师：这么多同学想知道量角器的作用呀！我相信，我们学会用量角器后大家提出的问题就迎刃而解了。

师：有没有这种可能？（稍作停顿）

生：有。

评析：在认识量角器之后，教师为学生提供了提出困惑的机会，学生基于课前自学尝试量角的经历，能够提出一些聚焦量角难点的问题。

（三）尝试量角，梳理量角的方法

师：咱们今天先研究这个问题好不好，请拿出学习单，试着量出这两个角的度数。

1. 生独立尝试量角（约3分钟）。

2. 小组交流。

师：同学们都完成量角任务了吗？

大部分学生举手。

师：接下来4人小组进行汇报讨论，提出你不懂的问题，可以吗？

生（响亮地回答）：可以。

师：咱们做到有序发言、认真倾听，好吗？

4人小组交流。（约6分钟）

学生陆续坐端正。

师：同学们，商量之后有没有结果了？

部分学生点头。

师：这时候大部分4人小组意见统一，部分4人小组意见不同也是正常的，因为你们还没有互相说服，不过有想法就可以了，咱们一起来看一看好不好？

生：好。

师（投影学生的学习单）：请第10组的代表上来介绍。

生（边演示量角过程边说）：先把量角器的中心对准第1个角的顶点，再看一下刻度角的边对准刻度线70，所以第1个角的度数是70°。

生：再把量角器的中心点对准第2个角的顶点，再把边和零刻度线对齐，再看边和刻度线60对齐，所以第2个角是60°，你们同意吗？

生：同意。

生：不同意。

师：同意的同学鼓掌，不同意的同学举手。

生：量第2个角对准的时候必须看外围刻度，因为它的角比较大。

师：还有谁想说？

生：因为它角的一边是对准外围的零刻度线，所以这边应该看外围刻度，所以应该是120°。你们同意吗？

全班鼓掌。

师：真的同意了？

师问汇报的同学。

师：告诉大家他们是怎么说服你的？为什么是120°？

生：因为这边对着的是外面的零刻度线，所以应该看外围度数。

学生回答后看着老师，期待得到老师的回应。

师（笑笑）：你不要看我，看他们。（指向全班学生）

生：同意吗？

生（齐）：同意。

师板书：内、外。

师：再请看。

生：第1个角顶点对齐量角器的中心，可以看出来是70°，第2个角因为另一条边是指外围刻度，所以是120°。

生：你们同意吗？

大部分同学同意，还有个别同学不同意。

生：我是同意这个角是120°，但不同意他讲的方法。

师：那就是你还有其他方法是不是？

生：是。

师：结论是一样的，过程不太一样，是吧？

生：我的意见是测量第2个角，量角器可以正着放，为什么要斜着放？

师：现在两种意见，量角器正着放还是斜着放，斜着放的学生举手。（大部分学生举手）正着放的学生举手。（小部分学生举手）

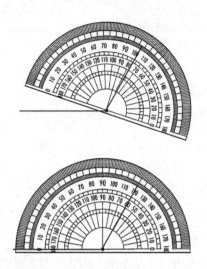

师：谁来讲道理？斜着放的先举手，你说。

生：因为它是钝角，正着放很难量。

师：还有谁想说？为什么斜着放？

生：因为那个角的边是斜着的。

师：还是边的关系，对吧？

师：为什么量角器斜着放比较好？

生：如果它是正着放的话，角的一边没有对准零刻度线，所以量出来的不准确。

师：刚才想要正着放的学生，听明白了吗？

师（问刚才认为要正着放量角器的学生）：为什么量角器要斜着放？因为正着会怎样？

生：不准确。

师：你来改一改。

生上台纠错。

生：可以把角转一下，让钝角的横边和0刻度线对齐。

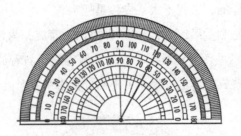

全班鼓掌。

师：独特的测量方法。这样也能量出来！

师：原来量角的时候不仅可以转量角器，还可以转……

生：角。

师：目的只有一个，为了……

生：测量得更准确。

师：转的目的是什么？

生：边和0刻度线对齐。

师：谢谢你独特的想法，为他鼓掌。因为他在表达自己的意见。

师：同学们，咱们关于角的测量有一定的想法，边看边梳理量角需要哪些步骤？谁能说说量角需要哪些步骤？

停顿，生独立思考。

生：中心点和角的顶点对齐，零刻度线要和角的一条边对齐，另一条边指向哪条刻度线，这个角就是多少度。

生：先把中心对准顶点，角的一条边和零刻度线重合，再看另一条边对准哪条刻度线。

师：两位同学的回答都有几个关键字，"对点""对线"，想想还有没有补充？关于用量角器量角你还有什么困惑？

生：量角器上那么多格子，为什么能量得很快？

师：那么多格为什么能量得很快。你想知道怎么快速看出度数，是不是？

生：是。

师：咱们再来看看下面的几个角，能不能找到这方面的经验。

评析：教师大胆放手让学生自主尝试、探索量角的方法，充分暴露量角过程中的困惑与争议。课堂聚焦学生生成，组织交流讨论，在生生互动中逐渐达成对正确量角方法的认识，突显"以学为中心"的课堂样态。

（四）巩固练习，突破难点，深化认识

1.读出角度数

选一选：看量角器上的刻度，读出每个角的度数。

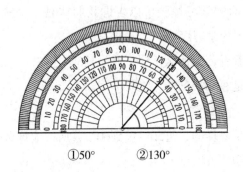

①50°　　　　②130°

师：用手势告诉我答案。

学生用手势表示答案。

师：有的选①，有的选②。

师：为什么选择①？

生：因为它的那一条边对准的是内圈的零刻度线，那就要看内圈的刻度。

师：刚才选②的同学，明白吗？

生：明白。

师：咱们再做一题好不好？

选一选：看量角器上的刻度，读出每个角的度数。

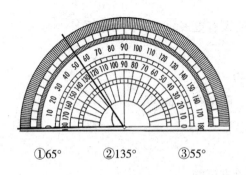

①65°　　　　②135°　　　　③55°

师：有选①，有选③，也有个别选②。你能不能说出不选②的理由？

生（手指着0刻度的位置）：因为这边指向外圈的零刻度线，所以要看外圈的刻度。

师：有没有其他想法？

生：直角是90°，这是锐角，它的度数就要比直角小，不能比直角大。

师：真好，以前的学习经验可以告诉我们这是一个锐角，它不可能大于90°。这是一个重要的学习经验。

师：同学们再看看，为什么是55°而不是65°呢？

生：另一条边是在50°到60°之间。

师：真好。

生：与看表面是一样的，过50°没到60°，所以应该选择55°。

2. 猜猜角的度数

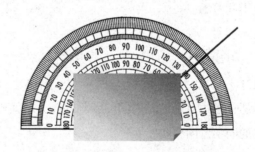

师：你能猜出上图这个角的度数吗？有想法的举手。

学生纷纷表示140°。

师：140°？

师（追问）：有没有更多的想法？（停顿）

有学生举手。

生5：140°或40°。

停顿了一会儿，陆续有了掌声。

师：对吧？

生：对。

师：两种情况都有可能。

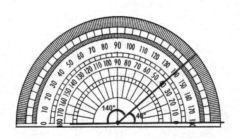

师：同学们再看下图。

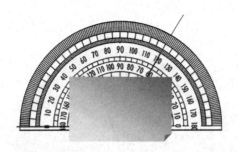

生（抢答）：120° 或60°。

师笑着说：水平提高得很快！

师出示下图：

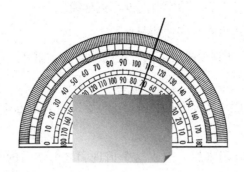

师：图中这个角是几度？

生（齐）：110° 或者70°

师出示下图：

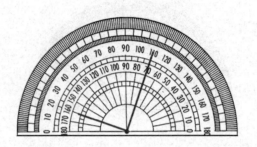

学生面面相觑。

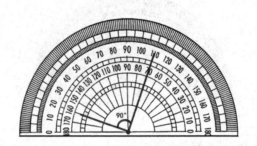

师：你们有什么话想说？

停顿，等学生陆续举手。

生1：量角要对准中心，然后要对准零刻度线。

生2：只看一条边可能有多种情况。

生3：一条边对准0刻度线就可以直接读出度数，如果没有对准0刻度线，我们就要算一算。

师：没对准0刻度线实际上也是能量出度数的，只不过要……

生：计算。

师：同学们，咱们来想一想，这个道理和之前学习的哪些知识有点儿像呀？

停顿，思考。

生：测量线段。

师出示下图：

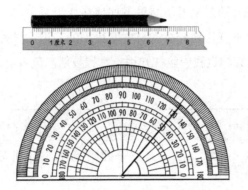

师：和测量线段一样吗？

生：不一样。

师：它们之间有共同点吗？

生1：都要从0开始看，都有刻度，都是测量。

生2：都是为了测量物体。

生3：对，这都是在测量。

师：都是在研究测量的问题。

生4：以前研究有几个"1厘米"，今天的量角其实在研究有几个"1度"。

师：同学们，咱们以后还要学习测量面积、体积，其实也是一样的道理。只要选准了单位，用对了工具，再用恰当的办法就能进行各种各样的测量。

评析：练习设计直击难点，且环环相扣，不断把学生思维引向深处，在与测量线段的对比中，寻找度量的共性，从而让学生直观感受到度量的一致性。

从关注"教"走向关注"学"

——"说理"课堂理念下"角的度量"的教学实践与思考

在"角的度量"的教学实践过程中，笔者反思了方案一更多注重的是对教材知识点的解读，更多侧重于"怎么量"，学生对于"为什么这么量"的感知不深刻等突出的问题。笔者不断思考如何在认识量角器、掌握量角技能的过程中，避免仅仅照本宣科地介绍教材中看得见的知识，思考如何引发学生的思考，让学生自主探究的过程中收获知识，掌握技能。笔者尝试2.0版教学设计，具体如下。

教学设计1.0	教学设计2.0
引入：开门见山，揭示课题 揭示课题：角的度量	引入：数学问题：下面哪个角大？大多少？ 怎么做才能知道∠2比∠1大多少？

分析：角的度量我们为何而学？以教为主的方案一，是一种强行植入，因为教材中有角度度量，因此我们来学角的度量。方案二，从数学问题入手"下面哪个角大"，这是学生应用已有的知识经验，通过观察、比较可以快速得出结论的问题，再通过"大多少"进行追问，让学生产生用数据描述角的大小的需要，从而自主探求度量方法，寻找度量工具，统一度量单位这一系列的度量需求，变"要我量"为"我要量"。

教学设计1.0	教学设计2.0
任务1：介绍量角器上有什么？并提出困惑 学生活动：在4人小组中，汇报自学成果。做好汇报的准备	任务1：你选择什么工具量角？请你向小伙伴介绍你的量角工具，并说一说关于量角你还有哪些困惑？ 学生活动：独立思考，4人小组交流

> ★教学小贴士：
> 1. 知道量角的工具是量角器。
> 2. 认识量角器各部分的名称，出示量角器图片，并标注中心点和0刻度线、内圈刻度、外圈刻度。
> 3. 认识量角的单位

分析： 方案一的设计是学生借助教材的阅读，先行自学与量角器相关的知识，初步认识量角器的构造，量角的单位等相关知识。以文本阅读为导向，以知识活动为目的的设计初衷十分明显。方案二，则自然衔接上一个教学环节"怎么做才能知道∠₂比∠₁大多少"这个问题，以"你选择什么工具量角？请你向小伙伴介绍你的量角工具，并说一说量角你还有哪些困惑"这样更开放的问题引导学生自主探索，给学生的学习提供更广阔的空间，学生可能直接使用量角器量角，也可能尝试利用直尺、三角板等相关用具量角，还可能自行设计、创造出新的量角的办法。在这探索过程中，学生在真实的量角的过程中，能够更好地体会、认识量角器产生的必要性，感受统一度量的单位的必要性，更重要的是学生解决问题的能力和创新意识都将得到培育。

教学设计1.0	教学设计2.0
任务2：怎样用量角器量角？为什么可以这样量？ 学生活动2-1：尝试量角 学生活动2-2：小组交流　小组交流要求 （1）出示每位成员量出角的度数。（如果暂时没有量出结果的就画△表示） （2）依次汇报"你是怎样量角的"。	任务2：量角。说一说关于量角你有什么困惑？ 学生活动2-1：尝试量角 学生活动2-2：小组交流　小组交流要求
讨论： 量角的正确步骤是什么？ 反思： 回顾刚才的学习过程，你们小组认为量角要特别注意哪些问题	

续 表

教学设计1.0	教学设计2.0

★教学小贴士：

1. 读内圈刻度还是外圈刻度？

2. 点、边、线如何操作？

3. 量角的本质是计量有几个1°角

分析：教学设计1.0在量角的基础上引导学生"说一说你是怎么量的"这更注重量角方法的提炼和概括，注重技能结果的形成。2.0版的设计在学生量角之后，鼓励学生提出困惑，给了学生暴露学习难点的机会，能够让后续的课堂教学更好地聚焦在学生真实需要上。

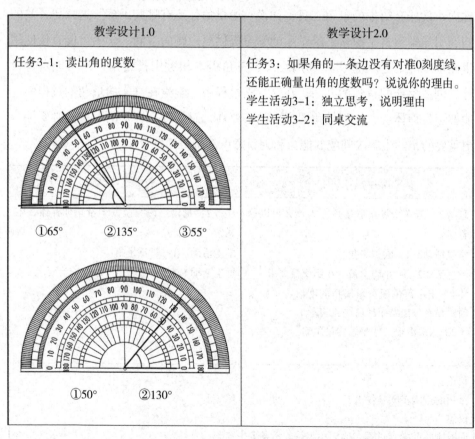

教学设计1.0	教学设计2.0
任务3-1：读出角的度数 ①65°　　②135°　　③55° ①50°　　②130°	任务3：如果角的一条边没有对准0刻度线，还能正确量出角的度数吗？说说你的理由。 学生活动3-1：独立思考，说明理由 学生活动3-2：同桌交流

续　表

教学设计1.0	教学设计2.0
学生活动3-1：独立思考、做出判断并说明理由。 任务3-2：猜出角的度数。 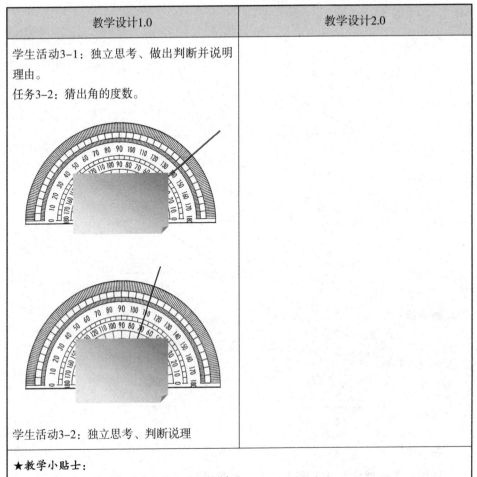 学生活动3-2：独立思考、判断说理	

★教学小贴士：
角的度量与线段度量都是在数有几个度量单位。

　　分析：教学设计1.0让学生在练习中逐步感受到度量的本质，教学设计环环相扣，教师步步为营。教学设计2.0则以一个开放的问题驱动学生独立思考，在解决问题的过程中，用"说说你的理由"引发学生进一步思考度量的本质，即数出包含几个度量单位。在学生得出"点对点，边对线"，明确角的一条边对准0刻度线能够快速读出角的度数后，通过追问引起学生认知上的新的冲突，让学生在度量、思考、说理的过程中，不断思考角的度量的本质从而让学生主动"知其然"且"知其所以然"，自觉走向度量的本质。

　　如何更好地从关注"教"走向关注"学"？笔者进一步尝试进行3.0版的教学设计，具体如下。

一、情境导入,感受度量的需要

1. 哪个角大

第一组:

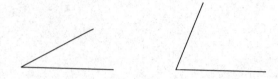

第二组:

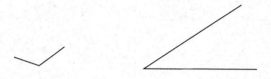

第三组:

怎么办?

追问:怎么做才能知道哪个角大,大多少?

2. 唤醒度量经验

明确度量工具、度量单位。

★教学小贴士:

1. 认识量角的单位:度。

2. 认识量角的工具:量角器。认识量角器各部分的名称,出示量角器图片,并标注中心点和0刻度线、内圈刻度、外圈刻度。

二、探究核心问题1:怎样量角

任务1:请你量出这个角的度数,说一说关于量角你有什么困惑?

学生活动1：独立量角，并提出自己的困惑。

学生活动2：观察不同的度量方法与结果，进一步提出困惑。

学生活动3：小组讨论尝试解决困惑。

学生活动4：课堂对话。

学生活动5：练习（量出3个角的度数）。

学生活动6：订正纠错，提醒，量角要注意什么？

★教学小贴士：

1. 在互动交流的过程中，引导学生逐步理清楚"怎样读出角的度数以及为什么要这样读""角的顶点要和中心对齐及为什么要对齐"，在探究的过程中，逐步感悟度量角的本质就是计量有几个1度角。

2. 梳理、总结量角的方法。

三、探究核心问题2：度量角的本质是数有几个1度角

任务2：淘气说："角的边不用和0刻度线对齐，也是可以量角的。"你同意吗？请说说你的理由。

学生活动1：独立思考，理清观点和理由。

学生活动2：同桌交流。

学生活动3：课堂对话。

★教学小贴士：

1. 深刻理解度量的本质。

2. 明确对准0刻度线在角的度量过程中的优越性。

四、变式练习，深化认识

（1）猜出下图中角的度数。

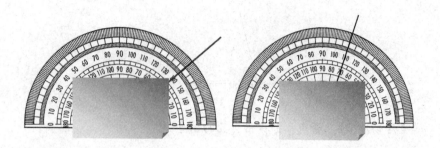

学生独立思考、判断说理。

（2）回顾反思、谈感受。

第四章 尝试，在"说理"中学会质疑

立体解读教材，知算法明算理
—— "除数是整数的小数除法"教材解读及教学活动设计

在基于深度学习的"说理"课堂教学理念的指引下，我们该如何进行教材解读？如何提炼核心问题？如何让学生的学习真正地发生呢？如何让学生既知算法又明算理呢？

一、横向比较解意图

思考："除数是整数的小数除法"教什么？

我们对人教版、北师版和苏教版3种版本教材进行横向比较，从细微处着眼，理解教材的编写意图。

以上3种版本教材均是在"整数除法"和"小数乘法"的基础上学习"除数是整数的小数除法"的，在此之前，学生已经学会"商的变化规律"和用"转化法"将小数转化成整数进行小数乘法的计算。我们先从情境创设、核心问题的呈现、方法展示、观察提示语、算理算法呈现等方面进行对比和分析。

对比维度	人教版	北师版	苏教版
情境创设	晨练跑步	购买牛奶	购买水果
核心问题	被除数是小数怎么除	说一说你是怎么算的	未出现

对比维度	人教版	北师版	苏教版
方法展示	1. 小数单位换成整数，再除； 2. 竖式计算	1. 小数单位换成整数，再除； 2. 分解法； 3. 竖式计算	1. 小数单位换成整数，再除； 2. 口算法； 3. 竖式计算
提示语	1. 可以转化成整数计算。 2. 还可以列竖式计算	无	1. 9.6元是96角； 2. 把9.6元分成9元和6角
算理算法呈现	1. 商的小数点要和被除数的小数点对齐； 2. 表示24个$\frac{1}{10}$	1. 1.5元也就是15角，15角平均分成5份，每份3角； 2. 这是15个0.1，这个是0.3，是3个0.1，别忘了在3的前面点上小数点； 3. 注意哟，商的小数点与被除数的小数点对齐	1. 6个$\frac{1}{10}$，2个$\frac{1}{10}$； 2. 商的小数点为什么要和被除数的小数点对齐？ 3. 余下的2添0后，表示20个几分之一？你能继续往下算吗？

通过上表可见，3种版本教材编写体现如下几个共同点。

1. 情境生活化

3个版本教材的情境创设，虽各不相同，但是，这些情境素材的选择都十分贴近学生的生活实际，这样的好处就是使学生能在学习中体会所学知识与现实生活的联系，感受到小数除法就在他们身边，以缩短学生的生活经验与书本知识的距离。

2. 注重知识架构

3个版本的教材均在教学"小数的初步认识""小数的意义""小数的乘法"之后进行教学，注重知识的整体结构。在情境创设中，北师和苏教版都用"长度单位"，人教版是以"币制单位"为情境，这样的素材选择，有利于学生自主沟通小数除法与整数除法的联系，将新知纳入到已有的认知系统之中，更有助于算理的理解，也有利于学生在计算过程中，采用转化的思路，借助单位间的联系，把小数除法转化成整数除法来做，以架起新旧知识联系的桥梁，同时也为其他解决问题方法的探讨提供借鉴。

3. 以算理理解促进算法掌握

（1）3个版本的教材，依托情境，例1都安排了小数除以整数（除到被除数的末尾无余数、商不需要补0）的例题（如上表）。各个版本的教材在呈现竖式计算的方法时，都是联系数位、计数单位的知识来帮助学生理解算理的。在除的过程中，都是用不同颜色来呈现被除数中不同数位上的数，让学生明白被除数中每个数字在这个数位上表示的意义，并在计算的过程中要求学生紧密联系被除数中每个数字的位置值来思考，也就是联系小数的意义来思考，这样学生就能主动地掌握小数除法的算理了。

（2）联系数的意义进行算理指导，利用情境支撑算理理解，促进小数除法计算方法的形成。首先，依据数的意义和组成理解商的小数点为什么和被除数的小数点对齐。其次，充分利用情境支撑笔算算理理解，与竖式计算的每一步一一对应，帮助学生深入理解算理。

（3）关注算理算法的沟通与联系。整数除法和小数除法的计算，其算理和算法本质是相同的。都是用几个计数单位去除以除数，计算方法都是"除到的哪一位，就把商写在那一位的上面"，不同的只是小数除法要考虑小数点的定位。

4. 算理理解注重直视

3个版本的算理表征，都十分注重"直观表征"。

人教版：突出借助现实情境，通过单位转化及小数的意义来帮助理解算理。

北师版：借助元、角、分的生活经验，让学生经历由直观背景下的小数除法竖式到一般意义下的小数除法竖式的必要的抽象过程，表征丰富，抽象过程较为详细、缓和，同时建立竖式与旧方法的一一对应关系，更利于学生理解。

苏教版：借助元、角、分的生活经验，以方法多样性让学生经历原有知识经验的迁移，促进算理的理解。

二、纵向比较理结构

思考：除法计算的前后关联是什么？

《义务教育数学课程标准（2022年版）》P18提到："数的运算"重点在于理解算理、掌握算法，数与运算之间有密切的关联。经历算理和算法的探索过程理解算理、掌握算法，感悟数的运算经及运算之间的关系，体会数的运算本质上的一致性，形成运算能力和推理意识。

由下图可见，小学阶段除法大致可以分为：2年级下册表内除法、有余数的除法；3年级下册除数是一位数的除法；4年级上册除数是两位数除法；5年级上册小数除法；（包括除数是整数的小数除法和除数是小数的小数除法）；6年级上册分数除法。

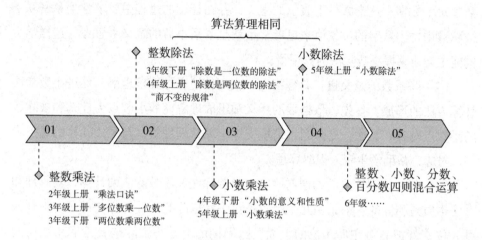

立足于人教版教材，沟通"除数是整数的小数除法"前后教学内容之间的联系，进行分析，旨在深入理解该教学内容阶段性教学要求，准确把握学生的认知起点、知识的生长点。

当前学生已掌握了整数除法的算法，理清了整数除法的算理，也已经积累了探索整数运算的学习经验。除数是整数的小数除法的学习，起着承前启后的作用，既是整数除法的唤醒，也是小数除以小数的起始课。通过本节课的学习学生可以沟通整数除法与小数除法的联系，初步建立整数除法与小数除法运算的一致性，提升自主探究小数除法的能力和经验。因为学生有整数除法的学习知识与经验，可让学生大胆尝试竖式计算—发现困惑—说理解惑—沟通联系，理清怎么算，为什么这么算。

三、分析学情找起点

思考："除数是整数的小数除法"中，学生真实的学习起点到底在哪里？

为了更好地了解学生对于除法的真实认知水平，更精准聚焦本节课教学的关键点，我们做了如下学情前测及分析。

1. 前测内容

"小数除以整数"前测单

班级：_____　姓名：_____　座号：_____

甲商店

买了5包，一共11.5元。

1. 每袋牛奶多少元？

2. 说说你是怎么算出来的？请把你的计算过程写下来。

我的疑问：_____

_____

2. 前测结果

（1）关于计算的过程、方法及结果。

方法	列式	单位换算	商不变的规律	分解法	竖式		
学生作品	11.5÷5	11.5=115角 115÷5=23角 23角=2.3角	11.5÷5=2.3(元) ↓×10　↑÷10 115÷5=23	11.5=10+1.5 10÷5=2(元) 1.5÷5=0.3(元) 2+0.3=2.3(元) 答：一袋2.3元.	$5\overline{)11.5}^{2.3}$ 过程	$5\overline{)11.5}^{23}$	$5\overline{)11.5}^{2.3}$
人数	正确44人	7人	13人	14人	过程有小数点17人	过程没有小数点6人	不会算或算错8人
百分比	88%	14%	26%	28%	34%	12%	16%

（2）在前测的过程中，学生能够提出的困惑主要有"小数除以整数的意义是什么""整数除小数和整数除整数有什么区别""小数除法可以看成整数除法吗""为什么这样算"等由此可见，大部分学生对于除数是整数的小数除法并没有深入思考算法和算理，他们仅仅是凭借已有的学习经验机械地提出问题。

3. 前测分析

人教版教材提供的学习材料中，并没有呈现整数除法的竖式，而北师版中有所呈现。这样的材料呈现，可以更好地唤起学生的旧知。其次，人教版教材提供的材料只是突出联系数的意义进行算理指导，利用情境支撑算理理解来促进小数除法计算方法的形成。笔者认为材料提供过于单一了，相比之下，北师版和苏教版提供的材料较丰富些。

（1）提供丰富的算理表征，加强理法沟通。

新课改的教学理念，越来越重视、强调对学情的关注。关注了学情，既可以让教师，尤其是新教师，更有针对性地进行自己的教学设计；又可以让自学的学生开拓自己的思路，促进算法多样性。在人教版的学习材料中，并未提及更多学生可能出现的思路，而前测卷中，可以发现学生的解题思路和浙教版、青岛版呈现的学习材料是不谋而合的。如下图：

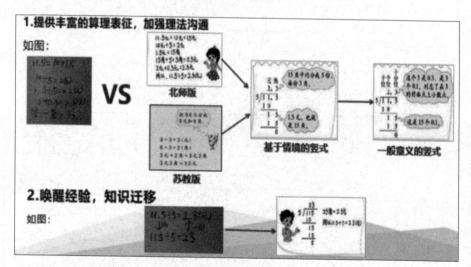

（2）唤醒经验，知识迁移。

小数除法和整数除法的计算，其算理和算法本质是相同的，都是用几个计数单位去除以除数，计算方法都是"除到商的哪一位，就把商写在那一位的上面"，因此，教学时要紧紧抓住小数除法和整数除法间的相似性和连续性，以整数除法作为认知基础。然而，人教版的教材在4年级上册的第6单元学习过"除数是两位数的除法"之后，直至5年级上册第3单元学习"小数除法"之前，都再没有接触过笔算除法，从学生遗忘规律的角度来看，复习一下整数除法的竖式计算还是十分必要的。

四、以生为本，行道理

基于以上分析及"深度学习的说理课堂教学理念"的引领下，我们聚焦以下两个落脚点进行教学设计。

1. 依托教材，把课堂还给学生

《义务教育课程标准（2011版）》指出，"有效的数学教学活动是学生学与教师教的统一，学生是学习的主体，教师是组织者、引导者、合作者"。因此，在教学设计的过程中，我们努力尝试依托教材把课堂还给学生。为了更好地沟通十进制计数法与小数除法的关系，用"元角分"这一素材替换"千米和米"这一素材，其余教材内容基本不变。全课以"22.4÷4怎么算"为核心问题让学生自主探索"除数是整数的小数除法"的计算方法，并在寻找几种不同算法之间的异同点的过程中，通过生生互动的说理过程促进学生对算理的理解，沟通小数除法与整数除法的关系。

2. 立足素养，培养学生的学习能力

本节课在教学设计的过程中，始终把学生核心素养的培养放在首位，以问题驱动的方式让学生沿着"独立思考—交流讨论—反思质疑—提升认识"的路径开展自主学习。为学生提供足够的时间和空间，让学生充分经历思考、表达、倾听、思辨的学习过程，在掌握知识的同时不断提升自己的表达力、倾听力、合作力和思辨力。教学设计如下。

除数是整数的小数除法

一、创设情境，揭示课题

（1）出示课题：除数是整数的小数除法。

（2）出示情境图（如下图）。

超市：酸奶4盒22.4元，平均每盒多少元？

问：会列竖式算吗？

二、核心问题1：22.4÷4该怎么算，为什么这样算？

学生活动1-1：尝试竖式计算

独立思考，把竖式计算过程写在学习单上。

学生活动1-2：展示算法

$$
\begin{array}{c}
① \quad 4\overline{)22.4} \\
5 \\
30 \\
2.4
\end{array}
\qquad
\begin{array}{c}
② \quad 4\overline{)22.4} \\
5\,6 \\
30 \\
2.4 \\
2.4 \\
0
\end{array}
\qquad
\begin{array}{c}
③ \quad 4\overline{)22.4} \\
5.6 \\
20 \\
2\,4 \\
2\,4 \\
0
\end{array}
\qquad
\begin{array}{c}
④ \quad 4\overline{)22.4} \\
5.6 \\
20 \\
2.4 \\
2.4 \\
0
\end{array}
$$

学生活动1-3：提出疑问，观察以上竖式，你有哪些困惑？

预设：①不够除怎么办？

②竖式中每步表示什么意思？

③2.4要小数点吗？

④5.6要小数点吗？

学生活动1-4：探究算理

问：以上这些困惑，在以前的知识中能否找到答案？

（1）学生活动：独立运用旧知识计算"22.4÷4"。

方法1：22.4元=20元+2.4元　　　方法2：22.4元=224角，

$20÷4=5$元

2.4元=24角

$24÷4=6$角

5元+6角=5.6元

56角=5.6元

$$
\begin{array}{c}
4\overline{)224} \\
56 \\
20 \\
24 \\
24 \\
0
\end{array}
\qquad 224角=22.4元
$$

（2）展示口算等方法，4人小组交流讨论。

（3）全班交流。

预设1：计算过程中2.4要不要小数点？

★说理小贴士：①把22.4看成整数计算；②2.4不够除，看成24个0.1。

预设2：商的小数点要不要，要的话点在哪？为什么？

★说理小贴士：①表示6个0.1；②除到哪一位商就写在哪一位上面。

三、核心问题2：除数是整数的小数除法与整数除法有哪些异同点？

学生活动2-1：列竖式计算

$25.2 \div 6 =$ $34.5 \div 5 =$

独立完成，同桌互改，提醒订正。

学生互动2-2：小结算法

师：你觉得小数除法的竖式计算要注意什么？

学生活动2-3：拓展延伸

出示$10.8 \div 8 =$

$$10.8 \div 8$$

$$
\begin{array}{r}
1.3 \\
8\overline{)10.8} \\
\underline{8} \\
2\,8 \\
\underline{2\,4} \\
40 \rightarrow 4个0.1 \\
\downarrow \\
40个0.01
\end{array}
$$

讨论：①余数是4吗？②能继续除吗？

学生活动2-4：沟通联系，小数除法与整数除法有哪些异同点？

四、总结反思，鼓励质疑

问：有哪些收获？

问：关于小数除法，你还想研究哪些问题？

（龙溪师范学校附属小学　蔡宝军）

"说理"，让学生善于质疑

——"除数是整数的小数除法"课堂实录与评析

【教学内容】

人教版5年级上册第24页及"做一做"

【教学目标】

1. 借助具体情境，通过尝试计算、比较、优化、分析、说理等过程，使学生理解"除数是整数的小数除法"的算理，掌握笔算方法。

2. 能正确地列竖式计算除数是整数的小数除法，提高解决小数除法简单实际问题能力。

3. 在学习和运用的过程中，体会知识间的联系，感受迁移和转化。

【教学重难点】

教学重点：掌握除数是整数的小数除法的笔算方法，能正确地列竖式计算小数除以整数。

教学难点：理解除数是整数的小数除法的算理，体会知识间的联系。

核心问题：除数是整数的小数除法怎么算，为什么这样算？它与整数除法有哪些异同点？

【教学过程】

（一）直接揭题，尝试计算

1. 揭示课题

除数是整数的小数除法。

2. 课件出示主题图

超市：酸奶4盒22.4元，平均每盒多少元？

活动："22.4÷4"的竖式怎么算？

师：同学们会列式计算吗？

生：22.4÷4=？

师：同学们会算吗？（等待）会列竖式计算吗？（等待）

3. 尝试竖式计算，初步感受算法

师：请拿出学习单，试着在学习单上列竖式算一算。

学生独立竖式计算。

评析：通过创设"超市情境"，引发学习小数除法的必要性：22.4÷4怎么算，怎么列竖式计算。这也是本节课的核心问题之一，激发学生自主探究的欲望。

（二）展示对比，提出困惑

1. 展示对比

师：同学们请看。

师（手指方法1）：这样列竖式的举手。（大部分学生举手）

师（手指方法2）：这样列竖式的举手，还有其他的列法吗？

2. 提出困疑

师：看到这两个竖式，关于列竖式计算，你有什么疑问？

生1：为什么商要加小数点？

生2：竖式计算的第二步是写2.4还是24？

生3：余数0是一位数，要写在个位上，可这里为什么写在十位上？

生4：每步表示什么意思？

教师板书"每步表示什么意思"。

评析：创设情境让学生独立尝试小数除法的竖式计算，让学生在尝试、对比、观察中发现困惑，提出自己真实的问题：计算过程需要加小数点吗？每步表示什么意思？商为什么要加小数点？这些问题是学生通过独立竖式所产生的真实困惑，是学生迫切想解决的困惑，能充分激发学生的思考、交流、互动，这也是学生真正的学习过程。

（三）寻理解惑

1. 说理活动1：沟通新旧，理清法明

（1）旧知计算。

师：刚刚大家大胆地提出了自己的问题！

师：这些问题能不能在旧知识中找到答案？22.4÷4用以前的方法计算？把你会的方法写在学习单竖式的旁边。

（2）学生尝试计算。

（3）展示方法。

师：同学们请看，这是班上同学的两种做法。

出示方法1：口算法

22.4元=20元+2.4元，20元÷4=5元，2.4元=24角，24角÷4=6角，6角=0.6

元，5元+0.6元=5.6元。

师：同学们，请看大屏幕上的方法，你们看懂了吗？看明白的同学点点头。（学生纷纷点头）

出示方法2：转化法

22.4元=224角，224角÷4=56角=5.6元。

师：这种方法你们能看懂吗？

生：能看懂。

师：实际上，这用的是什么方法？

生：将小数转化成整数，再计算。

（4）小组交流。

师：有了这两种方法，回想大家提出的问题。"第二步要不要小数点？""商5.6要小数点吗？""每步表示什么意思？"（师板书问题）这些问题能在旧方法中找到答案吗？

生：能。

师：先独立思考。

（停顿1分钟）

师：把你们的想法在4人小组说一说。

（5）汇报说理。

师：讨论出结果了吗？

生：有。

师：第二步要不要小数点？

师：认为需要小数点的请举手；（一部分学生举手）认为不需要小数点的请举手。（大部分学生举手）

师：请认为需要小数点的同学说明理由。

学生交流：每步的意义。

生1：大家听我说，被除数有小数点，数位要对齐，所在这里要加小数点。大家同意吗？有需要补充的吗？

生2：22.4元减20元就等于2.4元，所以这里要加小数点。

生3：我认为2.4的小数点不应该加，因为22.4元被分成了20元和24角，这样一来，这里的小数点就可以不用加了，要加的话就是2.4元，所以不管是加小数点还是不加小数点，都是可以的。

师板书：24角。

生1：我要补充，因为这里20表示20元，这里的24表示的是24角，一个是元，一个是角，两者不相等。

生3：换算一下就解决这个问题了，2.4元就是24角。

师：在哪里可以看到换算？谁指给大家看。

生4：请大家看过来，这里把22.4元拆分成20元和2.4元，20元÷4=5元，2.4元换算成24角，所以这里是24角，不用加小数点。大家同意吗？还有补充吗？

生5（指着竖式）：这里22元减20元，余2元；2不够除了，转化成较小的单位20角，0.4转换成角，再加上20角，也就是24角。

师：所以就是2.4元不够除了，换算成了24角。因此，这里加不加小数点？

生（齐）：不加。

师：掌声送给他们。还有没有其他理由？其他想法？

生6：这里2是整数部分，4是小数部分，我认为还是要加小数点的。

师：他仍然觉得要加上小数点，想一想我们有没有这样的经验？

教师课件出示整数的竖式计算。

$$22.4元 = 224角$$

$$224 \div 4 = 56（角）$$

$$56角 = 5.6元$$

师：在整数除法中，第1步：22个10除以4等于5个10，余下2个10。（手指着算式的第一步"22个10除以4"）这里为什么不加0？

生：这里表示20个10，只是把后面的0省略了。

师：这样的道理和小数除法一样吗？

生（齐）：一样。

生7：小数除法的第二步是把0省略不写。

生8：第2步不写小数点，看被除数上的小数也可以看出这里是2.4。

师：整数除法的第二步，2个10不够除怎么办？

生（齐）：转化成较小的计数单位，转化成20个1，就可以继续除。

师：这样的道理和小数除法一样吗？

生（齐）：一样。

师：同桌之间说一说。

生9：22个1除以4等于5个1，余下2个1；2个1不够除，转化成较小的计数单位0.1，也就是20个0.1，再加上4个0.1就是24个0.1。

师板书：24个0.1。

师：掌声送给他。它们的道理是一样的：不够除化成较小的计数单位。

学生交流：每步表示什么。

生1：22.4除以4，先用22除以4，四五二十，分掉了20个1，余下2个1，2个1不够除，化成20个0.1，加上4个0.1就是24个0.1，24除以4等于6，就在十分位上写6，这里用掉了24个0.1。

生2复述了生1的回答。

师：听了两位同学的回答，大家理解了每步表示什么意思吗？

生（齐）：理解了。

学生交流：商要加小数点吗？

生1：24角平均分成4份，每份是6，这里的6表示的是6角，不加小数点。

生2：不加小数点就是56元，与实际答案不符，所以要加小数点。

师：他是在估算。56肯定不对。

生3：商表示的是每份多少个，这里的6表示的是6个0.1。

师板书：6个0.1。

小结：事实上竖式计算的道理和我们学过的这种方法的道理是一样的。（手指一样的地方）只是竖式简洁明了地表示出完整的计算过程。这样的竖式就是我们今天要学习的除数是整数的小数除法。

师（追问）：关于这样的小数除法，大家还有困惑吗？

生：为什么除到最后，0不是写在个位上？

师：谁能解答？

生：最后的24角也分完了，所以写0。

评析：本教学环节重在自主探究、交流互动，在师生、生生等多边互动中构建自主的数学学习课堂。在教学过程中，力求把课堂真正还给学生，让学生自主探究算法，交流各自的算法，对比不同算法的异同，经历知识形成的过程，抓住"除数是整数的小数除法"的算理本质，深入理解"2.4表示的意义"，"商的小数点为什么和被除数的小数点对齐"等问题，让学生在课堂中，敢于、勇于、乐于发表自己的观点和理由，将知识的困惑讲清、说透，以促进学生更全面地思考。

2. 说理活动2：与整数除法的异同

（1）课件出示。

列竖式计算：$25.2 \div 6 =$ $34.5 \div 5 =$

（2）独立计算。

师：用竖式计算学习单背面的两道题，试一试。

（3）互批提醒。

师：同桌交换批改，提醒订正。

课件出示竖式答案。

师：这里的12表示的是什么？

生：12个0.1。

师：如果有小数点请圈起来。

学生圈小数点。

师：交换回来，如果同桌有错，请和你的同桌说一说怎么修改，要注意什么。

学生订正，相互提醒。

师：大家基本订正完了，（停）你们觉得小数除法的竖式计算要注意什么？

生1：计算过程不加小数点。

生2：商的小数点和被除数的小数点对齐。（师板书：小数点对齐）

（4）拓展提高。

出示$10.8 \div 8 =$

师：有了这些提醒，相信这一题大家一定能很快计算出来。

出示竖式：

$$10.8 \div 8$$

师：余数是4，同意吗？

生（齐）：不同意。

师：理由？

生1：4在十分位，表示4个0.1。

生2：是0.4。

师：能继续除以8吗？

生3：化成更小的计数单位继续除。

生4：4个0.1后面添0，变成40个0.01，再计算。

师：不能除以8可以继续添0往下计算。

评析：借助竖式计算，发现竖式计算时易错点，促发学生深入思考、充分互动、说理交流，进一步理解竖式计算背后的道理，归纳总结相应的算法，沟通小数除法与整数除法的异同点，形成知识网络。

（三）总结梳理，拓展延伸

1. 勾联异同

（1）不同点。

师：学到这儿，你觉得今天学的小数除法与整数除法有哪些不一样？

生1：多了小数点。

师：关于商的小数点，谁还想说？

生2：商的小数点和被除数的小数点要对齐。

生3：有余数，可继续添0计算。

（2）相同点。

师：有哪些一样的地方？

生：计算方法相同。

师板书：与整数除法相同。

2. 拓展延伸

师：关于小数除法，还想研究哪些问题？

生：小数除以小数怎么计算？

评析：收获是对本节课的小结，是学生对自我学习的反思与评价，既有知识的回顾，也是学习方法上的总结，情感态度方面的肯定与修正。疑问是对新知识的延展，是新的开始，引发新的学习，延展课堂。

（龙溪师范学校附属小学　蔡宝军）

真"困惑"，深"说理"

——"说理"课堂理念下"除数是整数的小数除法"的教学新思考

以学生为主体、以学习为中心的"说理"课堂，激发学生内心的真实需求，留给学生更多思维的空间和互动的时间，在积极地思考、互动、说理的过程中，促发更有深度、更有广度的思考和学习，启发学生的智慧潜能，使不同的学生在数学上有不同的发展，让每个学生都能获得不同的成长。因此，为学生创造真实的课堂，以启发学生的真疑真惑，促其思考表达，使课堂越有温度，"说理"越有深度。

"除数是整数的小数除法"一课的教学中，以"尝试质疑—说理互动—拓展沟联"为路径，注重引导算理和算法教学的有机融合，循理入法、以理驭法、法理相依、理法相融，真正做到通算理、知教理、讲道理，让课堂通过"理法融合"成为学生说理、明理的地方，从而打造真正的"深度说理"课堂，切实提高学生的运算能力。

一、"真"困惑——深度说理的基石

"没有真尝试哪来的真困惑",只有经历了真正的尝试,学生那一颗颗充满好奇、追求真知的心才能直面新知,直面困难,"你有什么疑问"这样的问题才不会沦为程序性的提问,学生的回应才能真实且有价值。

课例场景一:

1. 出示主题图

超市:酸奶4盒22.4元,平均每盒多少元?

教师引导学生尝试列竖式计算。

2. 展示算法

(方法1)   (方法2)

3. 质疑

师:看到这些不太一样的竖式,想想列竖式计算你有哪些疑问?(等待)

晋江石狮某校四年级某班的学生提出下面的问题:

生1:为什么被除数上面的商要加小数点?

生2:在第二步应该写2.4还是24?

生3:0是个位上的数,可为什么写在十分位上?

生4:每步表示什么意思?

厦门海沧某校四年级某班的学生提出了这样的问题:

生1:第二步这里要不要小数点?

生2:2.4还能再继续计算吗?

生3：如果能继续计算应该怎么计算？

生4：和整数的竖式除法有什么不同？

……

相同的尝试，却有不同的困惑，他们对计算过程中要不要小数点有相同的困惑，但也有不同之处：有对0的困惑、有对能不能再除的困惑，也有对每步的意思的困惑……

只有真实的困惑才能引发学生自主思考。虽然困惑不同，但这些困惑都是他们尝试过程中遇到的真困难真疑惑，或是认真尝试后的真思考。这些困惑与思考引导着学生的好奇心、唤醒已知，审视旧知，他们的内心迫切地想与同伴交流、寻求帮助、解决困惑，比起那些程序性的提问，或者是教师预设出的问题，更能引发他们的思考，更能激发交流的欲望，更能挑起学习的欲望，让他们进入真正的学习。

二、"广"互动——深度说理的桥梁

深思考真交流才有深度说理的娓娓道来。从学生独立思考、合作交流的过程中，不同的思维碰撞引发不同层次的学生对于同一个问题的不同看法。

问题1：第二步要不要小数点？

方法1：单位转化法

师：认为要加小数点的同学请说明理由。

生1：被除数有小数点、商也有小数点，这里也应该有小数点，因为数位要对齐。

生2：22.4元减20元等于2.4元，这里要加小数点。

生3：这个小数点加不加都可以。因为22.4元被分成20元和2.4元，这里的2.4元变成了24角，这样一来小数点可以不加。加小数点是2.4元，所以不管加不加都可以。（师相机板书：24角）

生1：20表示的是20元，24这里表示24角，这两个单位不匹配。

生4：单位换算下不就解决这个问题了吗。

师：哪里可以看到单位换算，谁能指出来给大家看看？

生5（指着单位换算的地方）：这里把22.4元拆分成了20元和2.4元，20除以4等于5，接着2.4元转化为24角，（指着竖式的第二步）所以这里的单位是角，因此不需要加小数点。大家同意吗？

生6：不够除时，要把大的单位化成小的单位，（手指竖式）这里的2.4元不能除以4，就转化成24角。

师（面向全班）：听懂他说的是什么了吗？听懂的同学请举手。谁能也像他这样说一说？

生7（手指着竖式）：这里22元减20元，余下2元，不够除以4，就转化为较小的单位继续计算，就是把2元转化成20角，再和这里的4角合成24角就能计算了。

师：（手指分解法）所以2.4元不能除以4，就换算成24角。因此这个地方加不加小数点？

生（齐）：不加。

方法2：转化计数单位法

师：还有没有其他想法？（等待）

生8（手指2.4）：2是整数部分，4是小数部分。这里是2.4元，要加小数点。

师：他仍然觉得要加小数点，想想我们有没有这样的经验？（等待）

师及时引导（手指转化法，如下图）：

$$22.4元=224角$$

$$224÷4=56（角）$$

$$56角=5.6元$$

（竖式：4）224，56，20，24，24，0）

师：在整数除法中，第一步22个10除以4，余下2个10，2个10不够除，转化成20个1，加上4就是24个1，就能继续除了。这里的道理和小数除法（手指小数除法竖式）一样吗？

生（齐）：一样。

师：同桌相互说一说。（同桌互说）

生9：22个1用掉了20个1，余下2个1，2个1不能继续计算，我们化成更小的计数单位20个0.1，合起来是24个0.1，继续计算。

师相机板书：24个0.1。

师小结：掌声送给他，实际上，它们的道理是一样的，不能继续计算就化成小的计数单位。

显然，有的学生使用单位换算的方法来理解提出来的问题，有的学生是用数的意义来理解计算的第二步"需不需要加小数点"，还有的学生是利用旧知识前经验，通过数位对齐就可以知道每个数位上的数字表示的意义，从而体会小数除法的竖式计算中省略小数点的可行性。

方法不同，但殊途同归。他们都直指着对真实学习所提出的真实问题的一种思考，一种理解，一种发自内心的真实表达。这样的有层次的说理过程，是由浅入深、由情境依托到单纯的数理理解的过程，是引发学生思考、质疑、释疑的过程，是学生从混沌到清晰的恍然大悟，是一种最有质量的思维过程。

三、"巧"干预——深度说理的阶梯

教师介入的有效性，推动说理的深度，这里的"有效"，包括两方面，一方面是"时效"，一方面是"实效"。"时效"指的是教师的介入要及时，"实效"指的是教师的介入应精准高效。课程标准中指出：教师是课堂的组织者，引导者，合作者。曹培英老师也指出，课堂教学中的学生的交流互动，教师该出手时就出手，能更高效地促进课堂教学进度。这要求执教者要仔细倾听学生间的互动交流，对知识的重、难点能"抓住—焊住—放大"，如下面的这个教学片段。

问题2：商加小数点吗？

生12：这里要加小数点，不加小数点是56元，与实际不符，所以要加小数点。

生13：我补充，6表示的是6角，不是6元，因此要加小数点。

师：他是在估算，他估算出来，这里56是肯定不对的。

课程标准中指出：对运算结果的估算有助于提高学生的数感。教师及时抓住计算教学中的重点——"估算"，强调"估一估"的重要性。

师：还有其他理由吗？

生14：除法表示的是"多少个计数单位除以除数等于多少个计数单位"。24除以4就是6。

师（手指着6巧追问）：6个什么？

生（齐）：6个0.1。

师板书：0.6。

从片段中显然可以看出，教师的第一次介入抓住了"估算"的要点，巧妙而有时效性；第二次教师的追问式的介入，引出学生对除法意义的理解，让学生明白6表示的是6个0.1，加上小数点才表示0.6，从而也理解了为什么商的小数点要和被除数的小数点对齐。

这样教师的介入有效地把学生从"单位转化"的说理推进到了"数的意义"的说理，这是一个由"情境帮助理解算理"到具有普遍意义的"数的意义"的飞跃，是学生对数学的计算算理的本质理解，也有利于帮助学生理解整数除法与小数竖式除法之间的相同点和不同点，建立起知识的网络结构。有效的介入促进学生更深层次的说理，从而推进更有深度的学习。

诚然，数学是一门讲道理的学科，它蕴含着深刻的数学道理。以知识的形成过程、学生已有知识经验、认知结构，为"深度说理"做支撑，通过真困惑引领多交流、广互动、深思辨、巧建构，追根溯源地挖掘隐藏在数学知识背后的深层次的数学道理，揭示数学知识的本质，从而以"深度说理"活化学生的数学思维。

（龙溪师范学校附属小学　蔡宝军）

第五章　改变，让课堂呈现别样风采

构建以学为中心的"说理"课堂
——"轴对称"教材解读及教学活动设计

"轴对称"这节课在2年级已经学过，4年级的学习内容与2年级有什么不同？看似学生都会的这节课，要让学生"学"什么？学生学习的难点又是什么？我们将通过教材解读，找到这节课的立足点。

一、横向比较解意图

思考：第2学段"轴对称"教什么？

我们对人教版、北师版和苏教版3种版本教材进行横向比较，把握这节课学习的本质与核心。

以上3种教材都是学生在低年级初步认识轴对称图形的基础上，进一步认识轴对称图形及画出其所有对称轴，并在方格纸上补全一个简单的轴对称图形，体会轴对称图形的特征和性质。

我们从情境创设、核心问题的呈现、观察提示语进行对比和分析。

对比维度	人教版	北师版	苏教版
情境创设	1. 生活中的轴对称图形。 2. 生活中的轴对称图形的一半	1. 平面图形。 2. 生活中的轴对称图形的一半	1. 在方格子中呈现平面图形。 2. 生活中的轴对称图形的一半

续 表

对比维度	人教版	北师版	苏教版
核心问题	1. 你还见过哪些轴对称图形？画出它们的对称轴。 2. 看一看，数一数。你发现了什么 3. 根据对称轴补全轴对称图形	1. 轴对称图形有哪些？你能找到几条对称轴？ 2. 淘气根据轴对称小房子的一半画出了整座房子，他画得对吗 3. 以虚线为对称轴，在方格纸上画出图形的另一半	1. 哪些是轴对称图形？有几种不同的折法？ 2. 把图形补全，使它成为一个轴对称图形
观察提示语	1. 点A与点A'到对称轴的距离都是3格。 2. 怎样画得又快又好	1. 图3是轴对称图形吗？左右两边的图形大小和形状都一样，它是轴对称图形。 图3无论沿哪条直线对折，两边图形都不能完全重合，它不是轴对称图形。 2. 淘气画好的房子对折后不能完全重合，他画的…… 房子下边最左边一点到对称轴有2格，最右边也应该到对称轴有2格。 3. 先想象一下对折的程…… 先找到每条线段的端点，再找到和这些点对称的点……	1. 长方形是轴对称图形。正方形是轴对称图形。平行四边形不是轴对称图形。 把长方形纸对折，使折痕两边完全重合，有几种不同折法？ 我这样折。 2. 你是怎样画的？与同学交流。 在对称轴右边依次画出与左边对称的另一半。 先数格子，找出对应点的顶点，再连接这些点，画出图形的另一半

从表格中我们可以看见三种版本的教材编写有如下几个共同点。

（1）基于学生已有的知识经验，合理设置认知起点。学生在日常生活中经常会看到轴对称现象，而且在之前已经初步认识了轴对称图形及对称轴，这些都是学生进一步认识轴对称的重要基础。教材呈现现实生活中常见的一些轴对称图形或已学过的平面图形，唤起学生已有的轴对称图形和对称轴知识。通过观察，学生能分辨出轴对称图形，并能画出轴对称图形的所有对称轴。基于学生已有认知经验，合理设置学生的认知起点，学生提供了合适的探索空间，符合学生的认知规律。

（2）紧扣轴对称的本质特征，引导学生探索补全轴对称图形另一半的方法。在补全一个轴对称图形时，紧紧抓住轴对称的本质特征，引导学生通过独立思考和合作交流，探寻画图方法。有效突破学生的认知难点，有利于学生在找画轴对称图形的方法时，强化对轴对称特征的认识。

（3）借助方格图，培养学生的空间观念。方格图是学生学习轴对称图形的重要工具。方格图不仅可以提供给学生简单的数据提示，以便成功地发现规律，还为学生提供实践的空间，使学生有了"做"数学、体验数学、经历数学的机会，有助于学生更好地学习数学知识，发展了学生的空间观念。

三个版本又略有不同。

（1）素材呈现方式不同，判断方法不同。人教版是呈现生活中的轴对称图形，直接判断出轴对称图形，并画出对称轴，北师版是呈现平面图形，苏教版是呈现带方格图的平面图形。北师版和苏教版更注重动手操作，通过折纸活动，特别是对反例平行四边形的辨析，让学生直观感知轴对称图形的特征，并找出轴对称图形的所有对称轴。

（2）提示语不同。北师版和苏教版的提示语比人教版更为详细。人教版的教材更具开放性，注重学生的数学思考，引导他们经历模型建构过程，并形成归纳总结方法的数学思想。北师版和苏教版提示语言有较多探究方法的指导，使学生的探究有方向，探究思路更清晰。

（3）轴对称图形特征的探究方法不同。人教版让学生通过观察方格图中的树图，探索轴对称的特征。北师版是在纠错中探索轴对称的特征。苏教版是在探索如何利用对称轴补全一个轴对称图形的另一半中，进一步体会轴对称的特征。

二、纵向比较理结构

思考：第2学段与第1学段的"轴对称"有何区别？

思考：轴对称与平移、旋转有何关联？

"轴对称"是"图形与几何"领域里"图形运动（二）"的内容。关于"图形的运动"内容，各学段教材内容安排如下。

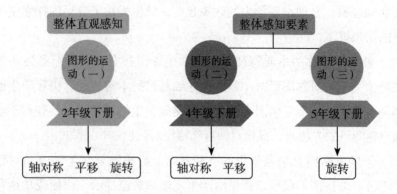

　　小学阶段"图形的运动"的内容共编排了3次，第1学段在2年级下册，侧重于整体感受现象，学生直观认识平移、旋转和轴对称现象，在活动中积累图形运动的活动经验；第2阶段在4年级下册，进一步认识图形的轴对称和平移，探索轴对称的特征，能在方格纸上补全一个简单的轴对称图形，会在方格纸上画出一个简单图形沿水平方向、竖直方向平移后的图形；第3阶段在5年级下册，进一步认识图形的旋转，学习在方格纸上画出一个简单图形旋转90°后的图形，发展空间观念。

　　"图形的运动"的教材编排是从整体感知逐步抽象到要素画，内容呈现出螺旋上升，逐步递进。本单元学习内容起着承上启下的重要作用，是学生学习几何思维的一次重要飞跃。

　　"轴对称"是4年级下册第7单元"图形的运动（二）"第一课时的内容。本单元教材内容编排如下。

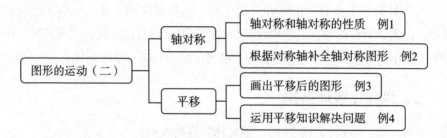

　　"轴对称"是本单元第一课，是小学阶段第二次学习，起着承上启下的重要作用，既要关注新旧知识的逻辑关系与结构，又要为后面进一步学习打下基础。

　　基于对教材的分析我们可以知道，学生对于轴对称图形的学习确实具备了一定的认知起点，对轴对称图形的认识也有较丰富的经验储备，也能凭感觉在方格图上画简单的轴对称图形。学生以为自己会，但其实是不会的。2年级学的"轴对称"与4年级学的"轴对称"有什么区别？学习的难点在哪里？2年级学的轴对称是感性的、整体的，到了4年级再去学习轴对称时，是需要学生从整体的感知过渡到通过要素去描述图形运动的。学生很难将图形抽象地看成点、线、面，在描述点到对称轴的距离时，往往会按照图形上已有的线进行描述。这是学生空间观念一次质的飞跃。怎样让孩子真正去理解呢？让学生的学习真正发生呢？我们就要找准"轴对称"这节课的立足点。

1. 整体把握教材，找准教学的起点

学生在2年级就已经初步认识轴对称图形及对称轴，4年级上册又认识了垂直的概念，基于这个起点，借助方格图，通过"看一看""数一数"，让学生观察轴对称图形的翻折运动，体会"对称点""对称点到对称轴的距离相等""对称点连线与对称轴互相垂直"，尝试用要素来描述轴对称图形本质特征，并借助数格子、找点、连线来补全一个轴对称图形，有效地帮助学生理解轴对称概念本质，积累几何活动经验。

2. 动手操作，发展空间观念

"数一数"的活动让学生在动手操作的过程中落实对称点的概念，学生在动手找对称点的过程中探索轴对称图形的对称点与对称轴之间的关系，对称点到对称轴的"距离相等""互相垂直"自然而然地被学生接受和认可，尊重了学生的认知基础。

"画一画"的活动，先让学生观察并想象完整的图形是什么，培养学生的空间想象能力，再去尝试补全，在操作中让学生再次领会轴对称图形的特征。

以活动为依托，让学生充分经历"做"数学的过程。动手操作的活动不仅可以让学生发现问题，而且可以让学生在解决问题的过程中探索和领会知识本质，同时又培养了学生的空间观念。

3. 立足课堂生成，培养数学表达能力

课堂上放手让学生说，当遇到一些错误课堂生成时，教师不着急纠正，等一等，让学生慢慢想，竞相辩论，得到真知。建立以学生为中心的课堂、对话的课堂，不仅能有效地培养学生的数学表达能力，还能促进学生探索精神的可持续发展。

基于以上认识，进行如下教学设计。

一、探究核心问题1

轴对称图形有什么特征？

任务1：你能找到几组对称点？标一标，连一连，数一数，你发现了什么？

学生活动1：独立思考。

学生活动2：同桌互相说一说发现。

★**教学小贴士**：给学生充足的独立思考时间和交流时间。

学生活动3：全部交流汇报，尝试发现轴对称图形的特征。

预设：有无数组对称点，每组对称点到对称轴的距离都是相等的。对称点的连线与对称轴互相垂直。

★**说理小贴士**：全部汇报交流中要让学生有思考，有理解，有辨析，有不足可以互相补充，促进学生的深度学习。

二、探究核心问题2

怎样补全一个轴对称图形？

任务2：利用这些特征，你们能补全这个轴对称图形吗？把它画下来。

学生活动1：独立完成。

学生活动2：小组内交流并纠错。

★**教学小贴士**：给学生充足交流时间，小组成员互相交流、检查，互相纠错，有错的同学用红笔进行订正。

学生活动3：汇报交流，尝试总结画图方法。

★**说理小贴士**：让有错并订正的同学先上去汇报，说说他错在什么地方，是怎样订正的。比较同学的不同画法，思考怎样画得又快又好。

任务3：（1）试一试，画出下面这个轴对称图形的另一半。

（2）确定对称轴，你能想出几种不同的画法？在学习单上画一画。

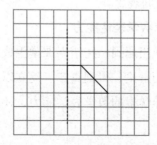

学生活动1：独立完成。

学生活动2：判断对错，纠错，订正。

★说理小贴士：让学生在观察判断后进行说理辨析，使学生进行深入思考。

任务2：左图经过怎样的运动会到右图？

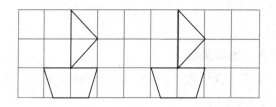

学生活动3：独立思考。

学生活动4：指名汇报。

★教学小贴士：在学生用平移和轴对称的方法解决后，沟通轴对称与平移之间的联系，并引发学生对轴对称与旋转关系的思考。

（龙溪师范学校附属小学　柯毅妹）

"说理"，造就别样课堂

——"轴对称"教学实录与评析

【教学内容】

《义务教育教科书·数学》（人教版）4年级下册第79—80页。

【教学目标】

1. 在观察、操作等活动中，进一步认识轴对称图形及其对称轴，理解轴对称图形的特征和性质。

2. 能根据轴对称图形的性质在方格纸上补全一个轴对称图形，掌握画图的方法。

3. 经历轴对称的认识和探究过程，体验观察、想象、分析和推理的学习方法，培养和发展空间观念。

【教学重难点】

理解轴对称图形的特征和性质，能在方格纸上画出轴对称图形的另一半。

【教学准备】

学习单，多媒体课件。

【教学过程】

（一）生活引入，揭示课题

师：同学们，请看（课件播放：欣赏生活中的轴对称）。有什么话想说吗？

生1：它们都是对称图形。

生2：它们都有一条对称轴。

生3：它们对折后可以完全重合。

师：轴对称除了对折后完全重合，还有其他特征吗？这节课，我们继续研究轴对称图形。（师板书：轴对称）

评析：感受轴对称在生活中的广泛应用，激发学生兴趣。唤醒学生对轴对称的初步认识。

（二）任务驱动，探究特征

1. 创设情境，引发探究

师：这是沿着对称轴对折后的一半图形，猜一猜它是什么？

课件出示：

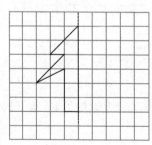

生：是一棵松树。

师：刚才同学们说这是一棵松树，大家同意吗？

生：同意。

师：好，我们一起来看一看。

课件出示：

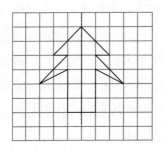

师：大家都猜对了，非常棒。

师：（动画演示）像这样，对折后能完全重合的一组点，我们把它们叫作对称点。（师板书：对称点）

师：可以用字母A和A'来表示。

师：点A到对称轴的距离是3格，点A'到对称轴的距离也是3格。

课件出示：

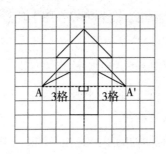

师：你能找到几组这样的对称点呢？请你们拿出学习单，标一标，连一连，数一数，看看有什么发现。

2. 方格引路，探究特征

课件出示：

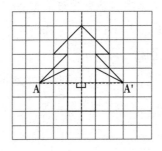

师：都找到了吗？把你的发现与同桌说一说。谁先来分享你们的想法？

生1：图中的端点是关键点，它们是一组组对称点。你们还有补充吗？

生2：我先给它们标个序号，标为A点和A'点，它们到对称轴的间距是3格，那么可以在这里标上B点和B'点，它们对称轴的间距是2格，还可以标出C点和C'点，它们对称轴的间距是1格。我认为在轴对称图形中，从对称轴到图形的另外一半的某个点中可以找到它们的对称点，它们到对称轴的距离都是相同的。（同学们用掌声表示赞同）

师：像这样的对称点有几组？

生3：我觉得有4组。

生4：我有个问题，不在关键点，在图中线上的这两个点算不算对称点？

生5：我觉得是，因为这两个点到对称轴的距离都是1格，对折后是可以重合的，所以我认为这两个点是对称点。

师：像这样的对称点还有吗？一共有多少组？

生6：无数组。

生7：我有补充，有无数组，因为可以在图上任意找到一组到对称轴距离相等的两个点，所以有无数组。

生8：一个轴对称图形中有无数组对称点。

师：这无数组的对称点有什么共同特点呢？

生9：它们对折后能完全重合。

生10：每组对称点到对称轴的距离是相等的。（师板书：距离相等）

师：还有其他发现吗？

生11：对称点的连线与对称轴形成一个直角，也就是垂直。

生12：不管哪组对称点、对称轴的连线，它们都是互相垂直的。（师板书：互相垂直）

评析：遵循学生的认知规律，尊重教材的教学线索，让学生自主探究轴对称图形的基本特征，进一步感受轴对称这一图形运动现象的特征。

（三）运用特征，探索画法

师：利用这些特征，你们能补全这个轴对称图形吗？把它画下来。

课件出示：

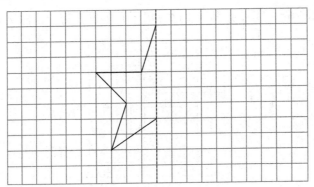

师：都画完了吗？请在小组内完成以下两件事。第一，判断小组成员画的是不是轴对称图形。第二，交流怎样划分得又快又好。开始吧。

师：哪组同学先说说是怎么画得又快又好的？

生1：我们是找到关键点，再数出它们到对称轴的距离是几格，找到它的对称点。

生2：我有补充，找到对称点之后，只需要把它们依次连接起来就可以画出轴对称图形的另一半。（师相机板书：找、定、连）

（同学们掌声表示赞同）

评析：在运用轴对称特征画图的过程中，教师大胆展示各种不同画图方式，并引导学生进行对比、概括，进一步深化对轴对称的认识。

（四）学以致用，拓展延伸

师：运用这个方法，你能快速完成下面这道题吗？

（1）试一试，画出下面这个轴对称图形的另一半。

课件出示：

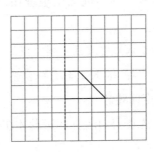

师：同桌互换，全班校对。确定对称轴，你能想出几种不同的画法？在学

习单上画一画。

师：集体判断，用手势表示。这一幅图有争议，为什么你认为是错的？

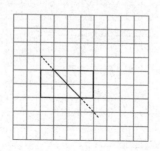

生1：他把图形画反了，画成了一个长方形，我们知道长方形斜着对折，没办法使两边重合。

生2：把图形翻过来，应该是这样画的。

生3：这个点到对称轴的距离是半格对角线，它的对称点到对称轴的距离也应该是半格对角线，所以它的对称点在这里。

生4：对称点到对称轴的距离是相等的，它们的连线也是与对称轴垂直的。

（同学们掌声表示赞同）

师：看来除了距离相等，还要满足连线垂直，才能把轴对称图形画对。

师：关于轴对称图形你还有什么疑问？

生5：为什么轴对称图形对折后能完全重合？

师：你能用今天所学的知识向他解释吗？

生6：因为它们对称点到对称轴的距离相等。

生7：对称点的连线与对称轴互相垂直。

师：原来轴对称图形对折后完全重合的道理在这里。（师板书：对折完全重合）

评析：教师精准把握学生认知的难点，精心设计练习，让学生在相似的图形辨析说理中，有效突破认知难点，同时，也进一步感受到轴对称特征的作用。

（五）打通关联，发展空间观念

师：请同学们想一想：左图经过怎样的运动才能到右图？

课件出示：

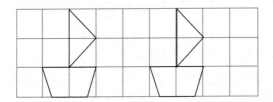

生1：图左向右平移4格就能到右图。

生2：我觉得左图画出两次轴对称也能到右图。

（同学们掌声表示赞同）

师：没错，其实轴对称还跟平移有关系！把一个图形沿着对称轴翻折两次也能平移到这个位置。（课件演示）

师：那轴对称和旋转有关系吗？有兴趣的同学可以课后继续探究。

评析：课末教师进行有效拓展，让学生在直观观察与想象的过程中，打通平移与旋转之间的关系，初步实现对图形运动的整体认知。

（龙溪师范学校附属小学　柯毅妹）

行走在"图形"与"运动"之间

——"轴对称"教学新思考

在很长的时间内我们都在教学"轴对称图形"，"轴对称"的教学一直致力于引导学生探究图形的特征。2022版的课程标准把我们引入"轴对称"教学的新世界，我们通过研读实验版、2011版和2022版课程标准中对轴对称教学内容、教学要求的变更，体会轴对称教学的要点。

版本	要求
实验版	1.结合实例，感受平移、旋转、轴对称现象 2.通过观察、操作，认识轴对称图形，并能在方格纸上画出简单图形的轴对称图形

版本	要求
2011版	1. 结合实例，感受平移、旋转、轴对称现象 2. 通过观察、操作，初步认识轴对称图形
2022版	1. 教学内容：结合实例，感受平移、旋转、轴对称现象；在感受图形的位置与运动的过程中，形成空间观念和初步的几何直观。 2. 学业要求：能在实际情境中，辨认出生活中的平移、旋转和轴对称现象，直观感知平移、旋转和轴对称的特征，能利用平移或者旋转解释现实生活中的现象，形成空间观念

课程标准引领我们深化对"轴对称"这一图形运动现象的认识，不再将"轴对称"仅仅当作一种图形去研究图形特征，而是将"轴对称"清晰界定为图形运动的现象。从课程标准的解读中，我们可以感受到轴对称与平移、旋转的关联度提高了，因此，在教学过程中通过"图1怎样运动才能到图2的位置呢"这类开放的问题，引导学生思考不同的解决问题的路径，从而感受到轴对称的运动属性，打通轴对称与平移、旋转之间的关系。

当然，在注重对轴对称运动性感知的情况下，实验版和2011版课程标准均未弱化探究轴对称图形特征的要求。因此，教师教学的切入点往往也是研究轴对称图形的特征，再通过观察、操作等方式让学生自主探究轴对称图形的特征，从而认识轴对称现象。在2022版课程标准中未提及"轴对称图形"，明确要求"辨认轴对称现象"，"直观感知轴对称的特征"的情况下，我们该如何正确处理"图形"与"现象"之间的关系，如何在探究图形特征与感受运动现象之间找到平衡点，真正培育学生的空间观念？

第六章　等待，让个性化表达得以彰显

基于"单元通读、课时精读和学情分析"的教学
—— "两位数加一位数（进位）"教材解读及教学活动设计

在以往的教材解读中，我们主要存在点状分析教材，缺乏对教学内容整体结构的理解和把握；仅凭教师的教学经验进行学情研判，缺乏对学生已有的学习经验和知识背景进行深入分析等问题。数学学科知识是一个系统的整体。在新课程背景下，教师以整体性的视野进行教材解读，整合教学资源，进行教学设计与研究是十分必要的。这有利于准确把握教材的教学地位，加强教学内容之间的内在联系与沟通，为基础性、结构性的教学内容与生发性、发展性的教学内容的联结提供了可能。笔者以1年级下册"两位数加一位数（进位）"一课为例，从单元通读、课时精读、学情分析等方面谈几点看法。

一、横向比较解意图

思考："两位数加一位数（进位）"要教什么？

笔者通过精读"两位数加一位数（进位）"课时教材，深入分析3个版本教材的文本内容，从情境创设、算法选择、问题呈现、教学具使用情况等方面，多维度对比不同版本的教材，突出知识的核心本质，理清教材文本的"前因后果"，比较清楚地知道了本课时到底要"教什么"及"为什么要教这些内容"。

对比维度	人教版	苏教版	北师版
情境创设	联欢会分饮料	三个小朋友收集画片	图书馆里图书数量问题
算法	算式：28+5=□ 两种算法（口算）： 方法1：先算28+2 方法2：先算8+5	算式：24+6=□ 一种算法（口算）： 先算4+6=10， 再算20+10=30	算式：28+4=□ 三种算法： 口算： 方法1：先算8+4=12， 再算20+12=32 方法2：先算28+2=30 再算30+2=32 笔算： $$\begin{array}{r} 28 \\ +\ 4 \\ \hline 32 \end{array}$$
问题	1. 一共有多少瓶？ 2. 你是怎样算的	1. 小亮和小红一共有多少张？ 2. 你想怎样算？和同学说一说。 3. 小亮和小明一共有多少张？ 4. 先算什么，再算什么	1.《童话世界》和《丛林探索》共有多少本？摆一摆，算一算。 2. 你能用竖式算一算吗
学具	小棒图	小棒图	小棒图、计数器

通过上表可见，3个版本的教材都从贴近生活的情景导入，都借助小棒图，通过动手操作探索算法，但仍存在些许不同，大致如下。

1. 教材呈现的算法种类

人教版给出了两种算法，分别是先算28+2和先算8+5，至于其他的算法则是由"你是怎样算的"引导学生自由探索，较为开放；苏教版教材只呈现一种算法，即先把几个1与几个1相加，再把所得的结果与几个10相加，而没有呈现其他算法，并且在苏教版的教师用书中明确指出"这么做是为了突出重点，让学生先掌握相对比较容易理解的基本算法，待积累一定的经验之后，再自主尝试各种不同的算法，以提高教学效果"。北师版教材则在情景1中将所有的算法一一呈现，并借助小棒图、计数器等直观帮助学生理解算理，待到情景2之后再由学生自主选择喜欢的方法解决问题，有先扶后放之意。我们将以人教版、北师版和苏教版3种版本的教材为例进行对比分析。

2. 学生初次尝试笔算的时间

人教版教师用书指出：运算能力不仅是一种数学操作能力，更是一种数学的思维能力。对于如何选择合适的计算策略、反思并解释计算的过程和结果而言，口算所起的作用越来越大。因此，教材将笔算（竖式）的学习安排在2年级上册；苏教版则是将笔算放在"两位数加两位数（进位）"这部分；北师版在本单元之前就引入了笔算。我们可以发现，在对笔算的教学上，不同版本的教材有不一样的安排。

二、纵向比较理结构

思考："两位数加一位数（进位）"的"前延后续"是什么？

笔者从教材内容出发，对人教版、苏教版和北师版3种教材"两位数加一位数（进位）"这节课所在单元的教学内容及教材编排顺序进行简单梳理，具体如下。

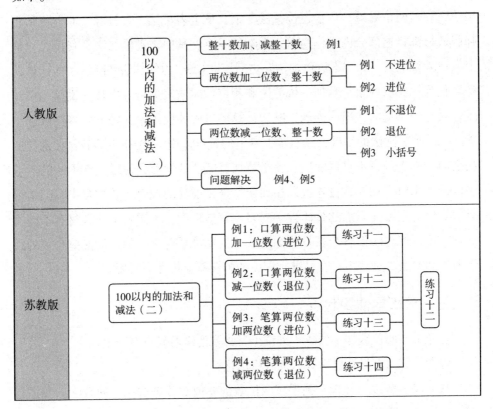

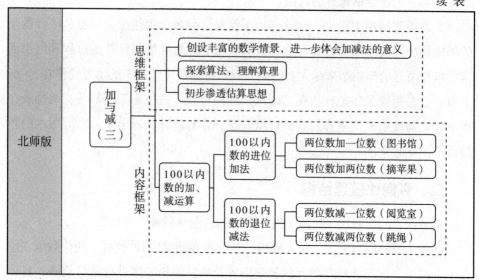

有研究表明，多位数四则运算的错误大部分都出在"两位数加一位数进位加法"和"两位数减一位数退位减法"上。从上表可见，人教版、苏教版和北师版教材都将这部分内容作为单元教学的重点。其中，进位加法都安排在"整十数加减整十数"和"不进位加法"之后，"100以内的加法和减法"的计算都是转化为"20以内整十数加一位数"和相应的减法来进行。也就是说这一单元既是对已经学过的20以内的加、减法计算的巩固和应用，又是学习多位数加、减法以及乘、除法的基础，具有承上启下的关键作用。3个版本的教材在进位加法之前，都先进行不进位加法、整十数加、减法的学习，使学生在不断的学习中慢慢加深对"相同数位才可以相加减"这一说法的理解，并积累丰富的学习经验。但对这一知识点的具体教学内容和教学进度，不同版本的教材有不同的处理方式，要想融汇各个教材的优点，寻找到最适合学生的、最便捷高效的教学策略和方法，进一步对教材进行深度的解读就显得尤为必要。

三、分析学情找起点

思考："两位数加一位数（进位）"真实的学习起点在哪里？

思考：算法多样化之后该如何进行优化？

基于以上解读与分析，关于"两位数加一位数（进位）"的教学，我也有了一些思考，并基于这些思考有针对性地进行了学情调查与分析。

（一）如何更好地利用好直观学具

低年级学生的心理特征决定了他们在学习事物的过程中主要依靠概念形象。因此，3个版本的教材为了突破单元教学的重难点，都选择为学生提供方便操作的学具，并通过借助学具的直观操作，突破加法中进位和减法中退位的难点。关于计数器、小棒等学具的操作，学生在此前的学习中早已积累大量的经验，我们能否大胆地做进一步的尝试，将学具直观的操作形式转变成画一画呢？为此，我设计了如下"单元学习前测单"。

智慧大闯关

（100以内的加法和减法前测单）

第一关：30+40=（　　）、80-50=（　　），你是怎么算出来的？请在方框里画一画或写一写。

30+40=	80-50=

第二关：35+3=（　　）、35+30=（　　），你是怎么算出来的？请在方框里画一画或写一写。

35+3=	35+30=

第三关：26+8=（ ），你是怎么算出来的？请在方框里画一画或写一写。

26+8=

学生完成情况摘要如下。

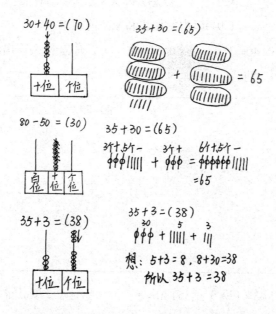

由此可见，1年级下册的学生对学具（小棒和计数器）有了比较深刻的认识，并能够用画图的形式将其进行应用，而画小棒、画计数器，实际上是学生在直观操作的基础上进行的第一次抽象。有了这样的前测反馈，我们就可以进一步调整教学环节，在教学过程中尝试让学生使用画图的形式进行说理。

不论是哪一种版本的教材，都十分注重对学生思维的启发。只要算法合理，学生能够说得通其中的算理，能够知道每一种算法先算什么，再算什么，教师都应该给予鼓励和肯定。在本次参与前测的4个班的学生中，每一道前测题，学生都会有不同的算法，并能用自己的方式讲道理。此时，教师需要引导学生观察、发现不同算法之间的共同特点，从而进行算法优化，最终指向教材呈现的两种算法。

$26+8=(34)$

$26+8=34$

$26+8=34$

$\underset{+4}{}\overset{4}{\underset{30}{}}$

$26+8=(34)$

$\phi\phi|||||| + |||||||| = \phi\phi\phi||||$

$26+8=(34)$　　想：$6+8=14$，把14的10和26的20相加

$26+8=34$　　就等于30，再把14个位上的4和30

$\underset{+14}{}\overset{}{\underset{34}{}}$　　相加就等于34了。

$35+30=(65)$

$35+30=(65)$　　想：$30+30=60$，
$60+5=65$
所以：$35+30=65$

$35+30=(65)$

$\begin{array}{r} 35 \\ +\ 30 \\ \hline 65 \end{array}$

$35+30=(65)$

图 $+$ 图 $= 65$

$35+30=(65)$

3个$+5$个 $-$　3个 $+$　6个$+5$个 $-$
$\phi\phi\phi|||||| + \phi\phi\phi = \phi\phi\phi\phi\phi\phi||||||$
$=65$

$35+3=(38)$

$\overset{30}{\phi\phi\phi} + \overset{5}{|||||} + \overset{3}{|||}$

想：$5+3=8$，$8+30=38$
所以 $35+3=38$

$35+3=(38)$　　我是接着数：36，37，38

$35+3=(38)$

$\begin{array}{r} 35 \\ +\ 3 \\ \hline 38 \end{array}$

$35+3=(38)$

十位 个位

（二）竖式教与不教如何教

教材的内容都是循序渐进的，无论是人教版在2年级才出现笔算的学习，还是苏教版在"两位数加一位数（进位）"暂时没有出现笔算，在本册后续的"两位数加两位数（进位）"学习笔算，或是北师版一开始就引入竖式计算，它们共同点都是，在这之前学生已积累了大量的学习经验，竖式计算都是呼之欲出的。从前测反馈来看，本单元的每一道例题，都有学生选择用竖式计算

（笔算）的方式进行计算。那么，学生对于笔算的了解究竟处于什么水平？选择人教版的教材是否可以将笔算作为拓展部分引入教学供学有余力的孩子学习？数学课程的基本理念是"人人都能获得良好的数学教育，不同的人在数学上得到不同的发展"，这说明数学教学必须以人为本，充分发挥学生的潜能，根据因材施教的原则，对不同层次的学生提出不同的要求，使教学更符合学生的实际情况，更适应各个层次的学生需求。

$$35+3=(38) \qquad 35+30=(65) \qquad 26+8=(34)$$

$$\begin{array}{r} 35 \\ +\ 3 \\ \hline 38 \end{array} \qquad \begin{array}{r} 35 \\ +\ 30 \\ \hline 65 \end{array} \qquad \begin{array}{r} 26 \\ +\ 8 \\ \hline 34 \end{array}$$

四、以生为本行道理

在基于深度学习的说理课堂教学理念的引领下，对学生进行单元前测，对比不同版本教材，本节课在教学设计时，着重从以下几个方面思考：

（1）低年级学生的心理特征决定他们在学习事物的过程中主要依靠概念形象。学生在此前的学习过程中已经积累大量的小棒、计数器等学具的操作经验，本节课的学习是否可以尝试进行初步的抽象，用画一画的方式表征？

（2）进位加法作为四则运算的重难点，具有承上启下的作用，如何让学生在已有的知识基础上，通过自主探究、合作学习掌握进位加法的算法，并能说明进位加法的算理？

（3）算法多样化之后，如何进行算法优化？

在此之前，学生已经学习了"20以内进位加法"和"100以内不进位加法"，本节课既是前面知识的延伸，又是系统学习加法的开始。本节课的教学设计，意在让学生通过画一画、写一写，自主探究计算方法，并显示不同的算法，体现课标中"鼓励学生独立思考，提倡计算方法多样化"的理念。针对低段的学生心理特点，本节课重点围绕"你是怎样计算28+5的？把你的方法画一画、写一写"这一核心问题展开，给足学生探究时间，既有独立思考，又能充分进行生生互动，使学生在交流互动中对进位加法的算法和算理逐渐清晰明朗。

通过比对、整合，我们对1年级下册"两位数加一位数（进位）"的说理课堂也有了初步的设想，进行如下教学设计。

（一）复习导入

（1）揭示课题：两位数加一位数。

（2）口算：

18+1=　　46+2=　　33+3=　　48+1=　　62+4=

（二）核心问题

28+5=（　　）怎样算及为什么这样算？

任务1：28+5=（　　），你是怎样算出来的？请你在方框里画一画或写一写。

学生活动：

（1）独立思考并把计算过程表示出来。

（2）同桌交流。

（3）指名汇报。

★**说理小贴士**：教师要给学生充分思考的时间，鼓励学生先独立思考，再将自己的方法表示出来。对于学困生，教师应重点关注，适当进行指导。汇报环节，教师应尽可能多地呈现学生的方法，并引导学生关注每一种算法，由看懂的同学上台讲解，让每个学生都能参与课堂，让学生在读懂算法的过程中，初步明白两位数加一位数（进位）计算的道理。

任务2：每种算法先算什么？再算什么？为什么这样算？

学生活动：对比各种不同的算法，并说一说自己最喜欢哪种算法以及理由。

★**说理小贴士**：引导学生学会倾听、欣赏同伴，让学生在对比中发现更优的算法，理解各种算法的算理，理清不同算法之间的共同点，最后进行算法优化。可指名多位学生说，让学生在说理表达的过程中进一步明白"个位相加满十要向十位进一"的算理。

任务3：你会用竖式计算28+5吗？为什么这样列？说说你的理由。

学生活动：

（1）尝试列竖式计算。

（2）小组交流，判断竖式是否正确并说明道理。

（3）错例纠正。

★说理小贴士：笔算是在口算基础上对位值概念的加深，本环节仅仅作为拓展延伸，重点让学生讲明"个位与个位对齐，十位与十位对齐"，强调相同数位相加的重要性，通过讲列竖式的道理深化对"相同数位相加，满十进一"的认识，最后强调竖式计算的书写规范。

（龙溪师范学校附属小学　黄奕玲）

相信"相信"的力量

——"两位数加一位数（进位）"教学实录与评析

【教学内容】

《义务教育教科书·数学》（人教版）1年级下册第65页。

【教学目标】

1. 学生理解两位数加一位数（进位加法）的算理，掌握计算方法，能正确口算两位数加一位数的进位加法。

2. 经历探索两位数加一位数（进位加法）的计算方法的过程，学会与他人交流合作。

3. 感受到不同的计算内容、不同的计算方法之间是有联系的，感受数学与生活的联系，激发学生学习数学的兴趣。

【教学重点】

掌握两位数加一位数（进位加法）的口算方法。

【教学难点】

理解"个位相加满十，向十位进一"的算理。

【教学过程】

（一）复习导入

师板书（课题）：两位数加一位数

师：今天我们要学什么呀？

生：两位数加一位数。

师：同学们会算吗？拿出事先发给大家的学习单，认真细心地完成第一题的5道算式吧！

18+1=　　　46+2=　　　33+3=　　　48+1=　　　62+4=

以"开火车"的形式快速校对答案。

师：看来大家对前面的知识掌握得很好，为了奖励大家，老师带大家到联欢会的现场去看一看。

评析：通过复习已经学过的知识，引入新课的学习内容，前后联系，便于学生系统地把握知识结构。

（二）探究新知

1. 创设情景，发现问题

出示情境图。

师：说一说你发现了哪些数学信息？

生：箱子里有28瓶水，外面还有5瓶水。

师：我们要解决什么问题？

生：一共有多少瓶水？

师：会列式吗？

生：28+5。

师：怎样计算？有想法了吗？

学生陆陆续续举手。

师：拿出学习单，把你们的想法在学习单上写一写、画一画。

评析：通过让学生仔细观察主题图，培养学生发现问题，提出问题的能力。

2. 尝试探索，解决问题

学生独立完成学习单。

师：有想法了吗？把你的想法和同桌说一说。

同桌之间交流自己的方法。

师：先请一位同学上来说一说想法。

（1）利用小棒讲理法。

生1：我先把8分成3和5，5加5等于10，20+10=30，再加3等于33。

中中 ||| ||||| |||||

师：他的方法你们听懂了吗？谁的方法和他一样？

部分学生举手。

生2：我的第一种方法和他一样，我的第二种方法是把28分成20和8，然后8+5=13，再将13分成10和3，然后再20+10=30，30+3=33。

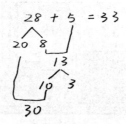

生3：我有个疑问，13为什么要再分成10和3？

生2：把13分成10和3是为了20加10更好算。

师：那大家会算20+13吗？之前学过吗？

生2：会算，学过。

师：那还用不用再把13分成10和3了？

生2：不用，只要分到我们会算的那一步就可以了。

师：很棒，请你下去后再修改。我们再来看看另一位同学的方法。

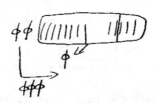

生3：因为一捆小棒有10根，我就把5根里面的2根先和8根相加，变成3捆，也就是30根，再把剩下的3根加上去，一共是33根。

生4：你在右边5根小棒那里再画一条竖线，看起来像是6根小棒。

师：那你觉得怎么画更好？请你上来画一画。

师：很有想法，这样是不是更清晰一点？

生：是。

师：其他同学还有疑问吗？

生5：为什么8+5我们都学过了，还要分开算呢？

生3：我先把他们凑成一捆小棒。

师：两种方法是不是都可以？

生6：对，只不过他们的思路比较不一样。

师：这样其实都是先算什么？再算什么？

生（齐）：先算8+5=13，再算20+13=33。

师：还有谁想分享自己的方法？

生7：我先把20根小棒捆成2捆，左边是28根小棒，右边是5根，我先把28的8根小棒和右边的这两根小棒圈起来，就是30根，剩下的这3根小棒加起来就是33根。

师：你们听懂他的方法了吗？他用的是什么方法？

生（齐）：凑十法。

师：有没有和他用的方法一样的？

生2：首先把5分成2和3，然后28和2加起来等于30（指向5的分成），然后

30加3等于33。

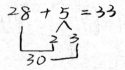

师：对比一下刚才两位同学的方法，你有没有发现两种方法相同的地方？

生3：他们都是先把8和2凑成10。

生4：他们都是先用凑十法凑成30，再把3加上。

师：这样都是先算什么，再算什么？

生（齐）：先算28+2=30，再算30+3=33。

师小结：这些同学都想到了用凑十法来计算，用我们学过的旧知识解决新的问题，真是会思考。

评析：教师大胆放手让学生自主探究算法、讲算理。学生在独立思考的基础上，大胆表达自己的算法，有的通过画图进行直观演绎，有的通过写算式清晰表达计算过程，教师对各种不同的表达方式都给予了充分的尊重与认可。学生在表达个人观点的同时通过倾听别人的算法，不断对比、修正自己的算法，最终达成共识。

（2）利用计数器讲算理。

师：还有不一样的方法？请你说说。

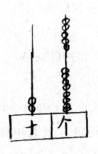

生8：我的办法是把20画在十位上，8画在个位上，先不算20，先算8+5=13，然后再算20+13=33，你们还有疑问吗？

生2：你的个位上8+5=13，十位应该要加一颗珠子了。

其他学生纷纷表示赞同。

师：个位上满十要怎么样？

生（齐）：向十位进一，十位上要拨一颗珠子。

师：还有疑问？

生3：如果这样那个位上的那些珠子应该划掉，只剩下3颗珠子就可以了。

师：考虑问题很全面，真棒！

小结：计数器上，个位的珠子超过10颗要向十位上拨一颗珠子，个位上剩3颗，十位上也是3颗，就是33。

评析：教师充分相信学生的学习能力，给予足够的时间让学生独立思考，自主探究计算方法，思考算理。教师对学生不同的想法给予充分的肯定，展示了画图、口算等不同的思考过程，并让学生进行充分的交流和讨论，让学生在倾听、思辨、说理的过程中逐步达成共识、掌握知识。

（3）通过竖式深化认识。

出示一生用竖式计算的方法，学生纷纷讨论起来。

$$\begin{array}{r} 28 \\ +\ 5 \\ \hline 33 \end{array}$$

师：谁看懂了？

生9：他是把28的8加上5是13，13已经超过10，要加到十位上，也就是20+10=30，将3写在十位上，你们还有疑问吗？

生2：个位上8+5超过10了，十位上应该加"1"，不然别人不知道3是怎么来的。

其他学生表示赞同。

生9：谢谢你的建议，我现在在十位补上进位的"1"。

师：其实列竖式的方法和哪一种方法是一样的？

生1：凑十法。

生2：满十进一。

……

学生意见不统一。

师：在列竖式计算时，先算什么？

生（齐）：先算个位上8+5=13，个位比10多了，所以要向十位进"1"。

师：再算什么？

生（齐）：再算十位上2加个位进上来的"1"等于3。

生3（补充提醒）：列竖式的时候要先算个位。

对比不同方法之间的共同点，提炼、优化算法。

师：这些方法都可以口算两位数加一位数，你更喜欢哪一种方法？说一说你的理由。

生：我更喜欢左边的那种（"满十进一"）。

师：理由是什么？

生：算得更快。

师：还有吗？

生：列竖式。

师：其实列竖式的方法跟哪一种方法是一样的？

生：满十进一。

评析：关于竖式教或者不教，似乎都有它的道理，但从本节课的呈现来看，教师选择通过竖式计算深化学生对算理的认识是行之有效的。学生基于前面几种直观模型的认识，能够比较好地理解竖式计算中"满十进一"的道理，教师还能够引导学生打通算式和口算方法之间的关系。

四、巩固练习、总结提升

1. 基础练习

（1）先圈一圈，再算一算。

27+4=□
先算□+□=□
再算□+□=□

36+8=□
先算□+□=□
再算□+□=□

（2）比比谁算得快。

18+5=　　46+9=　　33+8=　　48+4=　　62+9=

（3）对比以下两组算式，你有什么发现？

18+1=19	18+5=23
46+2=48	46+9=55
33+3=36	33+8=41
48+1=49	48+4=52
62+4=66	62+9=71

2. 回顾反思，总结提升

师：今天这节课的学习，你有什么收获？

生1：我学会了计算两位数加一位数。

生2：我学会了用不同的方法计算两位数加一位数。

生3：我学会用以前学过的方法来解决现在遇到的问题。

生4：我学会列竖式计算这种方法。

师：同学们都很会学习，也很会和别的同学互相学习，列竖式这种方法我们2年级的时候会继续学习，今天这节课，咱们就先到学习到这儿，下课！

评析：练习设计有层次性，在夯实基础的同时，能够引发学生更深的思考，在找规律的过程中进一步优化算法。

（龙溪师范学校附属小学　黄奕玲）

横看成岭侧成峰，算理算法各不同

——"两位数加一位数（进位）"教学新思考

在"两位数加一位数（进位）"这节课的教学过程中，教师选择了相信学生，大胆把课堂还给学生，让学生独立自主地探究算法，讲清算理。学生为我们呈现了多元表征下对算法、算理的个性化理解，让我们真实感受到相信"相信"的力量。

本节课在核心问题"28+5=（　　）怎样算"的驱动下，学生自主呈现了借助小棒、利用数分与合、借助计数器等方式进行计算，也有部分学生自发选择了竖式计算，课程生成的素材十分丰富，让我们感受到学生探究算法算理的方式、路径各有不同。在这繁华的背后，我们不禁要冷静思考，这样多元的表达好还是不好？有没有必要？答案显然是肯定的。

首先，这些不同的算法、算理的探究方式均源自于学生已有的学习经验，是学生真实学习历程的自然表达。说明学生在探究的过程中，充分调动了自己的原认知，他们通过画图等方式建立数与形之间的关系，真正理解算理。

其次，当教师把探究算法算理的机会还给学生后，让每一位孩子都拥有用数学语言表达自己想法的机会。新课程标准对学生学习方式要求变"积极思考"为"独立思考"，由此可见个性化学习的重要性。我们让每一位孩子通过画图、文字记录等方式将思维显性化，确保学生都能够个性化、真实地呈现自己的计算过程。当我们像珍惜火种一样呵护每一位学生的想法时，课堂就会呈现生机盎然的样态。

第三篇

彰显学科特色，
培育理性精神

第一章　小学数学综合实践活动课程开发

综合实践活动对于帮助学生获得积极体验，积累丰富经验，加强学生对自然、社会和自我之内在联系的整体认识，发展学生的创新、实践能力，增强社会责任感以及培养良好的个性品质具有积极重要的意义。由于综合实践活动课程不是必考科目，因此有些学校对开设此课程不够重视，国家新课程计划在有些地区还没有开展落实，一些课程资源也没有被有效开发和利用。为了综合实践活动的质效，笔者尝试依托数学课程开展小学综合实践活动，经过近10年的实践取得了一定的成果，本文从小学数学综合实践课程资源开发、活动样式创新及评价制度建立等方面进行了总结与反思，探索综合实践活动常态化开展的可行路径。

一、小学数学综合实践活动存在的短板弱项

1. 综合实践活动理论认知不足

开展新的课程模式，要具备一定的教育理论，需要进行试点改革，很多教师对为什么教、教什么、怎么教等基本问题缺乏连续的价值判断与价值取向，没有认真学习上级有关文件精神，没有深刻领会国家开展综合实践活动的本质与内涵，粗浅地认为综合实践活动与学科教学无关，应由专职专任教师进行指导，有的教师将综合实践活动与班队主题活动混为一谈，使综合实践活动流于形式，达不到应有的效果。在接受调查的36名来自漳州市各县区的教师代表中，有61.11%的受访教师表示任教学校只是偶尔开展综合实践活动，33.33%的学校有定期开展综合实践活动，还有5.56%的学校没有开展综合实践活动。

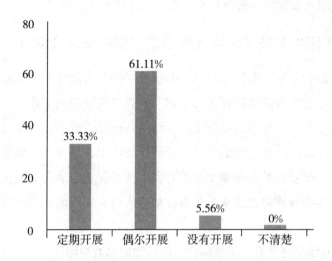

2. 综合实践活动缺乏有力指导

综合实践活动是一种典型的模块化综合课程，它强调学生的经验是课程的逻辑起点，学生的实践活动是课程开展的主要形式，主题是综合实践活动的表征。由于综合实践活动具有较强的实践性和综合性，有些实践活动学科特征不明显，不少教师受理想信念、学历学术、教学经验、专业能力等因素的影响，制约了综合实践活动的有力推进，同时也导致了部分教师难以进行专业性、针对性的理论教育指导，更谈不上将理论指导转化为实践操作。

3. 综合实践活动时间没有保障

综合实践活动是新提出的素质教育课程，目前还没有具体的数据测评标准，学生综合素质的提高在比较长的时间后才能体现出来，从而导致了很多学校领导和教师不够重视这门课程的开展，存在着综合实践活动边缘化的突出问题，即使开展了综合实践活动的学校，也存在课时时间被挤占、挪用的现象，不能完全根据纲要的要求开齐补足综合实践课程教育，更不能保证常规化开展综合实践教育。在开展推进综合实践活动时，学校也要改进原有的教学惯例，制定弹性课时、灵活选择教室等方式，迫切需要学校不断提高管理能力，目前只有少数先进学校能够实施，多数学校落实还有困难。

4. 综合实践活动内容形式单一

综合实践活动的课程资源、内容及教育的形式、方法是影响综合实践活动的重要因素。在综合实践活动中，普遍存在几种现象：一是教师授课手段比较简单；二是缺乏教学内容的逻辑连贯性；三是评价方式单一。

二、我校小学数学综合实践活动开展的情况介绍

我校自2012年起，尝试开展以"数学嘉年华"为载体开展具有学科特色的"小学数学综合实践活动的开发与运用"的教育教学研究工作，经过近10年的实践，增强了教师、学生对综合实践活动的认同感，建立完善了教育的长效机制，提高了学校的协调管理能力和教师的任教水平，培养了一批素质全面的优秀学生。2013年我校教师参加全国综合实践活动优质课展示交流比赛中获二等奖，笔者作为指导教师也荣幸地受邀在福建省综合实践研究活动研究会上介绍经验。

（一）加强理论学习，领悟综合实践活动的本质内涵

首先，我们通过文献研究法和成员协作的方式开展理论学习，提高全体数学教师对综合实践活动的认识。通过到图书馆、网络查找相关文献资料，并进行分类筛选等工作，初步认识到综合实践活动是国家规定的小学3年级到高中的一门必修课程。它主要包括信息技术教育、研究性学习、社区服务与社会实践和劳动与技术教育这4个方面。在新的基础教育课程体系中，作为一种综合性的实践课程，综合实践活动具有独特的功能和价值。与其他课程相比，综合实践活动更强调实践性、开放性、自主性和生成性。

我们通过成员协作法开展综合实践的研究、经验的总结、交流、评价、推广、反思等活动，以交流活动促进全体教师对小学综合实践活动的认识。一次次参加全国、省、市级的综合实践活动，大大提升了我们对综合实践活动本质的认识，开阔了我们的视野，拓宽了我们组织开展综合实践活动的思路。

在这样的背景下，我们开始思考：我们要怎么做？

（二）不断摸索实践，尝试开发具有学科特色的综合实践活动资源

数学学科的特征是什么？小学数学教育的目标又是什么？小学数学教育的总目标是通过义务教育阶段的数学学习，学生能获得适应社会生活和进一步发展所必需的数学基础知识、基本技能、基本思想、基本活动经验。而小学3—6年级综合实践活动的课程目标则是以"初步形成反思、探究社会问题的习惯""沟通能力""自主选择和独立做出决定的意识和能力""激发好奇心和求知欲""初步养成从事探究活动的态度""发展探究问题的初步能力"作为

关键词句的。结合数学学科育人目标和综合实践活动的目标，我们认为具有数学学科特征的小学数学综合实践活动的核心目标应该涵盖以下内容：

学会以"发现问题、提出问题、分析问题、解决问题"为核心的创新意识；积累"计划—实践—反思"为基本活动路径的科学探究活动经验；提高表达、说理、对话的沟通能力；激发好奇心和求知欲；培养实事求是的科学态度和理性精神。

小学数学综合实践活动回归到综合实践活动课程的开发的基本理念，还必须具备如下特征。

1. 突出学生主体地位，引导学生主动发展

我们鼓励学生在数学学科的大背景下自主选择活动主题，积极开展活动，引导学生主动发展。我们指导学生自主从教材中寻找活动素材，如我们根据小学数学12册的教学内容，分年级从学生所在年级的知识点中寻找综合实践活动的素材，开发出"走进数学家系列"，让学生了解运算符号的发明者、圆周率的发现者等；我们还开发出"数学学具巧改进"等系列活动，让低年级的学生研究尺子、高年级的孩子改进圆规设计等。

2. 面向学生完整的生活世界，为学生提供开放的个性发展空间

综合实践活动的开发与实施要克服当前基础教育课程脱离学生自身生活和社会生活的倾向，面向学生完整的生活世界，引领学生走向现实的社会生活，促进学生与生活的联系，为学生的个性发展提供开放的空间。在综合实践活动中，我们十分注重引导学生寻找数学与生活的联系，把学生的数学研究置于生活的大背景下，开发出"公交车上的数学""超市里的数学""旅游中的数学"等系列活动，让小学数学综合实践活动根植于孩子的日常生活中。

3. 注重学生的亲身体验和积极实践，发展创新精神和实践能力

我们要始终坚持综合实践活动主要是学生做，不是老师做、不是家长做。在组织开展综合实践活动的过程中，我们要始终相信孩子具有同成人一样的独立研究、独立动手的能力，我们所要做的就是为孩子提供独立研究、独立动手能力发展所需的时间和空间。

（三）认真总结经验，逐步形成实践活动校本化形式

我们一直在思考：在总课时不变的情况下，如何确保综合实践活动的时间和空间？综合实践活动如何做到常规化、制度化？综合实践活动如何做到学生人人有参与，个个有发展？我们以学校的"数学嘉年华"为载体，从以下几方面开展小学数学综合实践活动，逐步实现小学数学综合实践活动校本化。

首先，数学综合实践活动常态化、制度化管理。我校数学综合实践活动严格按照学校综合实践活动的具体要求来进行常态化、规范化的管理。

其次，建立明确的数学综合实践活动时间进度表。每年11月为我校数学学科综合实践活动月，我们在学期初就会拟定好本学年数学综合实践活动的具体方案，11月份全月作为数学学科综合实践活动时间，我们会安排相关的校内外活动，总体以"校内指导、展示""校外实践、研究"双线同步开展互动，在11月底集中进行汇报、展示。

最后，建立相对完善的小学数学综合实践活动样式。为了使综合实践活动具有更明显的综合实践味，我们尝试构建如下4种活动形式，"小课题研究性学习活动""小项目创造性学习活动""小成果展示性学习活动"和"小体验实践性学习活动"。

1. 小课题研究性学习活动

小课题研究性学习活动是学生以数学的眼光观察生活、发现世界，提出与数学相关的问题并开展研究从而得出一定成果的数学研究性学习活动。我校数学教研组每学年都会围绕一定的内容提出研究主题供学生进行选题。如：

2022年龙师附小"数学小课题研究性学习活动"选题参考表

序号	主题	预期成效
1	走进数学家	通过查阅资料、访谈等形式，了解认识数学家，激发学生学习数学的兴趣
2	超市里的数学	通过实地调查、查阅资料等方式以小组选定的视角看待超市的数学现象及问题
3	公交车上的数学	通过实地调查、查阅资料等方式以小组选定的视角发现与公交车相关的数学现象，尝试提出问题、解决问题
4	钟表中的数学	通过参观"钟表博物馆"、访谈、查阅资料等方式，以数学的视角发现问题、解决问题
5	数据下的九龙江生态环境	以数据收集、整理为主要方式，并通过问卷调查、查阅资料等方式发现问题、提出问题、尝试解决问题

续 表

序号	主题	预期成效
6	"数"说许地山	通过查阅资料、访谈，尝试用数据的形式了解、介绍文学家许地山先生
7	"漳州古城"里的数学	通过参观"漳州古城"、访谈、查阅资料等方式，以数学的视角发现问题、解决问题
8	关于"数独"的那些人和事	通过查阅资料、访谈等形式，了解认识数独、激发学习数学的兴趣
9	早餐中的大学问	以数据收集、整理为主要方式，并通过问卷调查、查阅资料等方式发现问题、提出问题、尝试解决问题
10	"数"说水仙花	通过查阅资料、访谈，尝试用数据的形式了解、介绍家乡的特产——水仙花

再制定详细具体的前期指导方案，让学生有目标、有计划、有方案地开展活动。

2. 小项目设计性学习活动

小项目设计性学习活动是学生针对数学学习过程中，发现数学学具、用具存在的问题，并根据自身感受通过"加一加""减一减"等方式对数学学具进行改造、创造的活动，旨在通过设计活动培养学生的动手能力、设计能力、创造能力、应用能力和想象能力，让学生形成一定的学科技能，并发展人际交往能力、协作能力、组织能力、实践能力和适应环境的能力，激发发明创造的积极性和对未知世界探究的兴趣，培养创新精神，具体活动流程如下。

第一步：组建活动小组

学生根据设计项目的具体情况，可以选择独立完成或者成立活动小组共同完成项目设计。

第二步：确定设计项目

根据研究本学年的数学综合实践活动设计项目确定具体的设计方向。

第三步：构思讨论

查阅资料，了解项目背景，构思讨论，形成初步设计方案。

第四步：设计改进

根据初稿完成一次设计，并进行小范围展示、反思，并做出修改方案。

第五步：完成二次设计

第六步：展示评价

集中进行展示，并组织学生评委对设计项目进行评价。

每年11月，我校都会在数学嘉年华活动期间，组织"龙娃秀场"对作品进行展示、评选。

3. 小成果展示性学习活动

小成果展示性学习活动是学生围绕数学学习过程中的关键知识、重点问题进行深度思考，并提出自己的见解和主张的数学学习活动，我校每年组织开展两期"讲理好龙娃"数学说理活动，让学生在数学说理活动中充分展示自己对数学知识的见解和主张。活动极大地激发了学生学习数学的兴趣，培养了学生的理性精神，提高了学生的数学素养和表达、说理、对话的沟通能力。活动流程如下：

第一阶段：提出说理主题

每年暑假，由数学教研组发出本学期各年级"小学数学说理征集令"，提出说理主题供学生选择。

2022年龙师附小说理征集令

1年级：七巧板中为什么没有长方形？

2年级：余数为什么必须比除数小？

3年级：为什么分子相同时，分母越大分数反而越小？

4年级：为什么小数的末尾添上0或者去掉0，小数的大小不变？

5年级：为什么说梯形的面积公式是多边形面积计算的万能公式？

6年级：人们在围观的时候，为什么会自然地围成一个圆？

第二阶段：全员参与纸笔说理

1. 班级海选"说理能手"。

2. 年级初选"说理小达人"。

第三阶段：全校展示

现场说理，评选"讲理好龙娃"金银铜奖。

活动评价，每年一度的"讲理好龙娃"评选活动。

4. 小实践体验性学习活动

小实践体验性学习活动是以运用数学知识进行实践为主要途径的体验性学

习活动。我校主要通过"图书跳蚤市场"这类活动组织学生开展实践活动，让学生体验数学在生活中的运用，培养学生分析问题和解决问题的能力。

图书跳蚤市场——数学购物初体验活动

1. 每个班级设计一个摊位，选出4名"营业员"，负责销售学生的二手图书，学生自愿购买。

2. 商品明码标价，委托"营业员"销售。

3. 活动结束时及时结账、反思、谈体会。

（四）扩大交流推广，以点带面辐射活动运用的成果

经过近10年的实践，我校逐步总结梳理出一套相对完整的小学数学综合实践活动经验，学生的数学思维能力、表达能力及科学探究经验均有较大的提升，教师开发综合实践活动能力明显提升。我们积极做好教科研的推广宣传工作，积极和兄弟学校分享教学实验成果。近年来，每逢"数学嘉年华"活动，总有不同省市的学校领导、各学科教师分批次，组团或带学生前来观摩、交流，相互研究探讨综合实践活动的开展运作，我校也在漳州市教学开放周活动中进行充分展示，以促进共同进步。

三、小学数学综合实践活动开展的反思与展望

1. 综合实践活动资源的开发与利用

综合实践活动课程资源的开发在充分发掘学校课程资源的同时，要研究和分析地方和社区的背景和条件，充分挖掘地方自然条件、社区经济文化状况、民族文化传统等方面的课程资源，体现课程资源的地方特色。在未来的日子里，我们将进一步思考地方和社区的自然因素及其状况，如人口、地理位置、水土、气候、植被，以及综合环境的开发和利用等，这些因素都与学生进行的关于数学问题的探究有关。还要进一步加强地方和社区的社会因素及其历史与现实状况，让数学综合实践活动更多地走进社区、走进生活，开展多样化的社会问题探究、社会考察等活动。

2. 实施的时间安排

在小学数学综合实践活动实施的过程中，我们应给予小学生更多的弹性的时空环境，允许不同的学习小组或个体有不同的学习进度，保证小学生活动的连续性、长期性。同时要注意开发利用周末、节假日等课外时间，保证综合实

践活动的充分开展。

3. 实施的组织形式

考虑到小学生的年龄特征，为保证综合实践活动安全、有效地开展，加强对小学生团队合作精神的启蒙和培养，小学阶段通常鼓励以小组为单位开展综合实践活动。由小学生自己协商后确定组合，教师不过多介入他们的选择。小组成员不限于班级内，为使实践与探究走向深入，允许并鼓励各班之间、不同年级之间，甚至不同学校、不同地域之间小学生的组合，当然，遵照小学生的意愿，也允许个人独立进行活动与探究。

第二章　小学数学综合实践活动课程实施

　　小课题研究活动是我校综合性课程——"数学嘉年华"的重要内容之一。经过几年的实践与思考，我校的小课题研究活动正逐步实现从重形式向重内容，从重结果向结果与过程并重的转变。这项活动旨在让学生体验数学知识在生活中的运用，培养学生的探究意识和实践能力，是将学科教学与实践活动有效结合，旨在提升学生数学学科素养的综合实践性活动。

　　每年"数学嘉年华"活动期间，我校数学老师都会围绕研究主题制定详细具体的前期指导方案，有目标、有计划、有方案的前期指导是活动有效开展的保障。我校3—6年级的学生全体参与小课题研究活动，1、2年级的学生与家长自愿参与小课题研究的亲子活动。学生自主成立活动小组，分工明确，各尽其责地开展小组合作交流。虽然小学生年龄较小活动经验不足，一些校外活动还需要家长的指导和协助，但我们始终倡导活动的主体是学生，我们鼓励学生勇敢地走出家庭、走出学校，去访问、观察、了解、实践，家长更多的是作为一个旁观者、记录者，保障孩子活动过程中的安全，必要的时候记录一些学生活动的过程，仅在学生遇到困难时提供必要的指导和帮助，让学生真正地立在活动的正中央。

　　纵观近几年我校1—6年级学生的活动过程，以及最终呈现的活动成果，我们欣喜地看到一批批有着理性精神及研究意识的"龙娃"在一次次的小课题研究中的茁壮成长。笔者将以"公交车上的数学""超市里的数学"等活动为例，阐述小课题研究这类课程从前期准备、中期实施到后期展示的一系列实施流程。

一、活动前期——教师任务

1. 构思主题、提出每学期的活动方案

2. 课程介绍培训学生

有效的合作一定是分工明确，各尽其责的合作；有效的活动一定是有目标，有计划，有方案的活动。

成员介绍：

我们是这样做的：

我们想研究的问题是：

"公交车上的数学"
——小课题研究活动
（学生行动方案）

我们想这样做：

我们的收获是：

3. 家校沟通，动员家长

通过"给爸爸妈妈的一封信"，明确活动目的，提出活动建议，明确家长和学生各自的职责。

给2年级"龙爸龙妈"的一封信

各位家长：

上午好！

一年一度的"数学嘉年华"活动即将开始，今年"数学嘉年华"的小课题研究活动的主题是"超市里的数学"。这项活动旨在让孩子体验数学知识在生活中的运用，是很好的一项实践与探究活动。因为2年级孩子年纪还小，很多活动还需要家长的指导和协助。如果时间允许，这个周末请您抽空带着孩子去趟超市，让孩子围绕他感兴趣的问题去超市观察、了解、发现，也可以是调查访问超市的工作人员和超市的其他顾客。

这是很好的一次实践机会，一定要鼓励孩子勇敢地走出去，去访问，去了解，您作为一个旁观者、记录者，需要记录一些孩子活动的过程，保障孩子活动过程中的安全，并在孩子遇到困难时提供必要的指导和帮助。

超市活动结束后，请您和孩子一起把这次活动的过程和收获记录下来，用手抄报或者报告册的形式来体现活动过程。纸张规格：像单元考卷那么大，或者像数学书那么大均可。

您的朋友：邹老师
2016年10月19日

给1年级"龙爸龙妈"的一封信

各位家长：

上午好！

一年一度的"数学嘉年华"活动即将开始，1年级小朋友将参加学具制作的综合实践活动。学具制作旨在让孩子展开想象的翅膀，为自己和小伙伴设计一款数学学具，根据一年级的学习内容下列项目供大家参考：计数器、钟面、计算练习器……学具制作是很好的一项实践与探究活动。关于"怎样制作学具"今天老师已经在课堂上做了具体的指导，但因为1年级孩子年纪还小，制作过程还需要家长的协助，如果时间允许，这个周末请您先听听孩子的设想。活动步骤大致如下。

第一步：问问孩子"你打算制作什么学具？你想用什么材料？打算怎么做"。

第二步：根据孩子的思路提出一些修改意见，确定制作的方法。

第三步：帮助孩子准备好制作学具所需的材料。

第四步：让孩子动手制作，在孩子遇到困难时您给予必要的帮助。

第五步：学具制作完成后，和孩子想一想通过这次制作学具自己有哪些进步，还有哪些地方可以改进。

本次学具制作主要是让孩子经历"计划—行动—反思"的过程，这是很好的一次实践机会，一定鼓励孩子大胆想，动手做。您更多的是作为一个旁观者，记录者，记录一些孩子活动的过程（可以拍一些孩子制作的照片或者视频），保障孩子活动过程中的安全，并在孩子遇到困难时提供必要的指导和帮助。

活动过程中如果需要教师协助，可以私信我。

没有哪只雄鹰生来会飞翔，没有哪个孩子生来会奔跑。让我们携手在孩子幼小的心灵里种下创新的种子，梦想的种子！让孩子明白有了梦想，只要付诸行动，一定会有收获！

您的朋友：邹老师

2020年10月20日

二、活动中期——亲子携手 在行动

我们在路上，行走在成长的路上！

"1年级的我们，爸爸妈妈是我们最好的合作伙伴，我们一起来研究。"

"我能找到公交车上的数字，能读懂公交车上的数，能用数数的方法来研究公交车。"

"我们3年级了！我们是小组，同学是我最好的合作伙伴，爸爸妈妈带着我和小伙伴一起出发了……"

"我们勇往直前！"

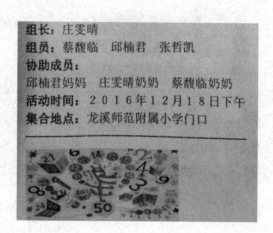

"我们6年级了！自己出发，我能行！"

"我们6年级了，数学味更浓，能用数学的眼光看世界了！"

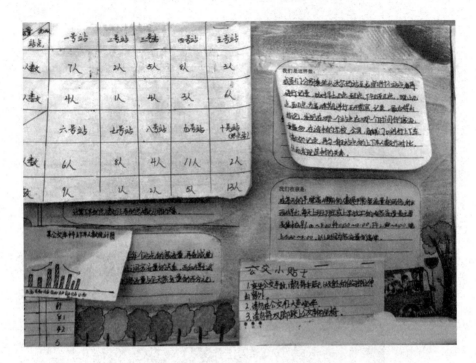

设计问卷、进行调查、访问。

"我们会灵活运用各种统计图表。"

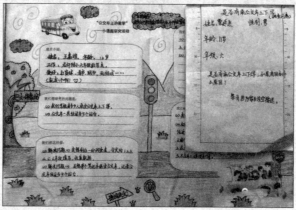

教师任务：

（1）密切关注学生活动开展情况。

（2）及时在家长群答疑、回复指导活动的深入开展。

三、活动后期——多形式组织成果展示

展示方式一：利用"美篇"、公众号等媒介进行全员化展示、点评研究成果。

龙师附小2年5班2022年小课题研究成果展示

教师评语：漂漂亮亮的成果展示！朵妍每一次都很用心地完成实践活动的任务，老师还记得你去年在公交车上找数字的样子，今年的你用更多的数学知识在发现，在思考！

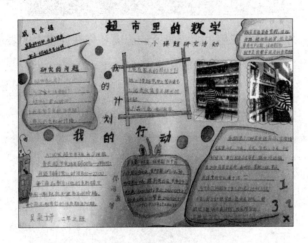

教师评语：这是信息量很大的一份成果！梓涵，看着你在访问的样子，老师相信你的每一个数据都是来之不易的，相信你也一定收获满满！

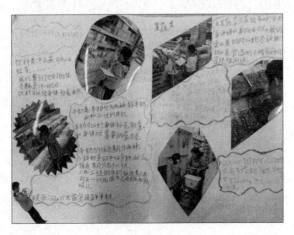

教师评语：你们这个团队一看就是实力很强的！有伙伴的实践活动，一定很有趣！

教师评语：雅萱，你在超市调查研究的态度和你在课堂上的表现一样认真！

教师评语：培彰，你的数据都来自你的访问！有图有真相，我们相信你！

教师评语：宸灏，你应该感谢妈妈为你收集了这么多照片！你不仅关注了数字，还关注了商品的形状，真好！

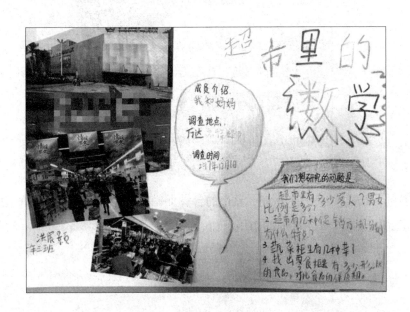

教师评语：洪靖，看得出你很开心。

教师评语：煜翔，超市虽不大，但是你和爸爸的收获真不少！

教师评语：一豪，你调查了超市的各种促销活动，随着数学知识的增加，你一定会发现更多关于促销的小秘密！

教师评语：妙奕，行动之前有计划，并且真的按计划观察和数一数。

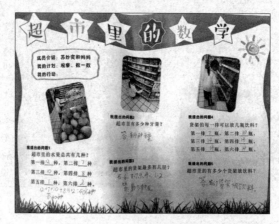

教师评语：梓璇，你关注问题的面比较广，认识了不少的计量单位，有3年级要学的克与千克，还有5年级的升与毫升。

教师评语：林琪的小短文详细介绍了时间,地点,人物,事件,语文功底真不赖！

教师评语：星灿，宸睿，在一次次的自问自答中，老师也看到了你们的努力，悄悄告诉我小数乘法的得数是怎么算出来的好吗？

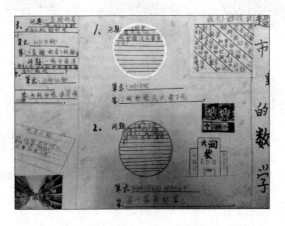

教师评语：雨馨，你这个关注点很实用哦！你通过调查收集了这么多物品的保质期，如果能给老师和同学提出一些关于保质期方面的建议那就更棒了！

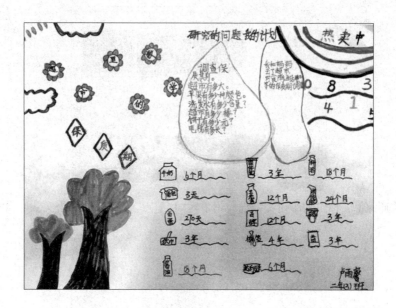

教师评语：柏凯，以你"数学小王子"的水准，老师觉得你可以像小小数学家一样做更深入，更复杂的研究，你能行哦！

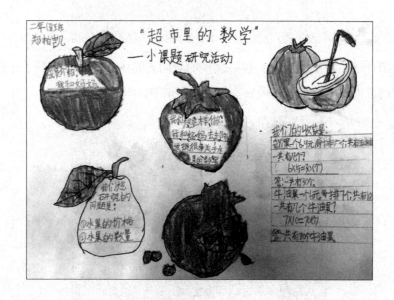

教师评语：思朵，老师相信你成果中的31和32这两个数字一定是来之不易的，它们一定也会给你留下深刻的印象。

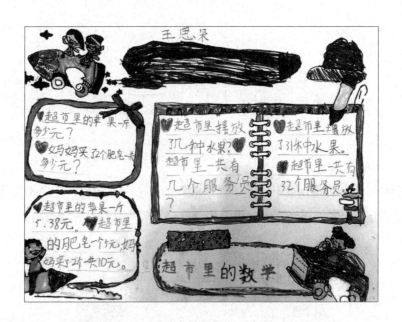

教师评语：宇翔在这次活动中的表现，让老师很感动！这是刘宇翔周末完成的第1稿，他看完同学的作品，听完老师的点评后，主动问我，邹老师我能再做一张吗？

教师评语：这是刘宇翔做的第2稿，真的是看得见的成长！

教师评语：茹萱，接下来如果你真的每周都去一次超市，老师希望你每次都记得刻意地用数学眼光看看超市，相信你会发现更多有意思的问题！

教师评语：彭禹，这是我很欣赏的一份成果展示，牛奶专题，重点突出，过程记录详尽，真实！

教师评语：雁雯同学一定是用了"洪荒之力"了！

教师评语：这个作品充分体现了灿萍同学耐心、细致的性格特征。

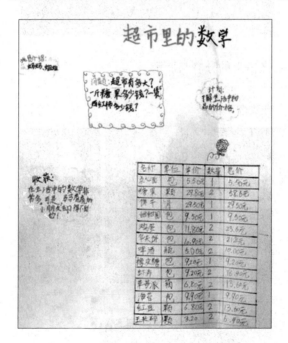

　　小课题研究的意义并不在于让孩子知道超市有什么，而是以超市这个载体让孩子经历发现问题，提出问题，解决问题的过程，让孩子经历计划、行动、反思的过程。小课题研究的核心目标是培养孩子的创新意识和解决问题的能力，是帮助孩子形成一定的科学探究的意识和能力，而恰恰是这些非显性的目标会对孩子产生真正深远的影响！因此，作为小课题研究成果展示的作品，它一定有别于一般意义上的手抄报。小课题研究成果展示的作品，内容重于形式，成果展示的内容应更注重对研究过程的记录与展示，真实反映研究过程及结论。

展示方式二：制作展板、公告栏等进行张贴展示。

展示形式三：微信上的分享与展示。

计数器 复制

数学圆盘计算 复制

38号程歆媛，简易计算转盘　复制

观看网络上的视频，然后找三支笔，橡皮筋自
愿者动手制作。　复制

展示形式四：班级召开小学学具分享会。

12月25日"数学嘉年华"活动，1年5班的"小小龙娃"围绕"我做的学具是
什么"和"怎样使用"这两个问题进行了汇报、交流。且听"龙娃"分解——

【互怼】"为什么你这个看起来像新买的？是你自己做的吗？""有。后
面这些是我自己做的。"

【邀请】邀请小伙伴来试玩。

让孩子看见"有趣的数学"，让孩子体会"数学可用"，让孩子相信"自
己可以研究""自己可以做""我能行"。面对儿童，我们能做的无非就是：
激发兴趣，呵护梦想！

盘点 "小课题"

七巧板

　　七巧板是一种古老的中国传统智力玩具，顾名思义，是由7块板组成的。七块板可拼成许多图形（1600种以上），例如三角形、平行四边形、不规则多边形等，玩家也可以把它拼成各种人物、动物、桥、房、塔等等，也可以拼成一些中、英文字母。七巧板是古代中国劳动人民的发明，其历史至少可以追溯到公元前1世纪，到了明代基本定型，于明、清两代在中国民间广泛流传。清代的陆以湉在《冷庐杂识》卷一中写道，"近又有七巧图，其式五，其数七，其变化之式多至千余。体物肖形，随手变幻，盖游戏之具，足以排闷破寂，故世俗皆喜为之"。18世纪，七巧板流传到了国外。李约瑟说它是东方最古老的消遣品之一，至今英国剑桥大学的图书馆里还珍藏着一部《七巧新谱》。

📖 课题启航

我想知道七巧板是谁发明的。

我想知道七巧板是怎么制作出来的。

我想组织大家开展一次"七巧板拼拼"的比赛。

我们可以根据大家讨论的内容来确定活动主题，也可以找兴趣相同的同学一起组成研究小组哦！

（1）创意组：开发与七巧板的新玩法。

（2）实践组：设计组织七巧板创意大赛。

（3）收集组：收集七巧板的资料。

（4）宣传组：介绍、推广七巧板。

可以选择其中的一个或两个方面进行活动哦！

💬 实践之路

◆ 调查了解 认识它

查阅资料

同学们认识七巧板吗？你知道七巧板有哪些玩法？

我眼中的七巧板

从……时候开始有了七巧板，人们……玩七巧板的，七巧板是……

资料读后感

调查一下

同学们对七巧板了解多少呢？让我们开展一次问卷调查吧！

七巧板问卷调查

您好！我们是××小学×年级学生，我们正在开展关于"七巧板"的综合实践活动，我们想知道您对七巧板的了解情况，希望得到您的合作，谢谢！

1. 您玩过七巧板吗？　　　　　　　　玩过（　　）　　　没玩过（　　）

2. 您支持小朋友玩七巧板吗？　　　　支持（　　）　　　不支持（　　）

3. 您觉得玩七巧板有哪些好处？

◆ **动手实践　找灵感**

小组讨论，七巧板有哪些玩法？还能创造出哪些新玩法？

成果展示

实践活动结束后，我们能不能将研究成果展示给全校师生和家长看呢?

我想做个PPT，以图文并茂的方式展示给同学们看。

我们以班级的名义写一封倡议书，寄给报社和电视台。

在班队活动上组织一次"玩转七巧板"思维大赛。

把我们知道的七巧板的各种玩法整理出来与大家分享。

评价乐园

我对自己说：

同学对我说：

老师寄语：

家长的话：

收获和体会

通过"有趣的七巧板"主题实践活动，大家肯定会有不少的收获和感想吧？那么，把你的收获写下来吧！

■ **我的收获**

24点

本主题适用于1—6年级学生

"24点"是棋牌类益智游戏,要求牌面上的4个数字运算结果等于24,一起来玩玩吧!这个游戏用扑克牌更容易开展。拿一副牌,抽去"大小王"后(初练也可以把J、Q、K、"大小王"都拿掉),剩下1—10这40张牌(以下用1代替"A")。任意抽取4张牌(称为牌组),用加、减、乘、除(可加括号,高级玩家也可用乘方开方与阶乘运算)等运算,用牌面上的数字算出24,每张牌必须用且只能用一次。如抽出的牌是3、8、8、9,那么算式为(9-8)×8×3=24。

课题启航

我想知道"24点"的游戏规则。

我想知道玩好"24点"有哪些技巧。

我想教弟弟妹妹们玩"24点"。

我们可以根据刚才大家讨论的内容来确定活动主题,也可以找兴趣相同的同学一起组成研究小组哦!

(1)调查组:调查24点的游戏形式及推广情况。

(2)实践组:设计组织"决战24点"的比赛。

(3)推广组:指导新手玩"24点"。

可以选择其中的一个或两个方面进行活动哦!

（4）宣传组：介绍、推广"24点"。

……

实践之路

◆ 调查了解　知现状

查阅资料

查阅"24点"游戏的规则。

"24点"的游戏规则

我从……看到"24点"的游戏规则如下：

资料读后感

调查一下

"24点"问卷调查

您好！我们是××小学×年级学生，我们正在开展关于"24点"综合实践活动，我们想知道您对"24点"的了解情况，希望得到您的合作，谢谢！

1. 您玩过"24点"吗？　　　　　玩过（　　）　　没玩过（　　）

2. 您支持小朋友玩"24点"吗？　　支持（　　）　　不支持（　　）

3. 您觉得玩好"24点"需要运用哪些知识？

◆ 组织比赛 巧安排

小组讨论，"24点"有哪些玩法？怎样在班级组织一场"决战24点"的比赛？

参赛选手要报名。

要公布比赛规则。

还要选裁判。

要考虑的事情可真多呀！

成果展示

实践活动结束后，我们能不能将研究成果展示给全校师生和家长看呢？

我想做个PPT，以图文并茂的方式给同学们展示"24点"的来历。

我们要让获胜的同学介绍经验。

我们要和爸爸妈妈比一比。

把我们知道的"24点"的各种玩法整理出来与大家分享。

评价乐园

我对自己说：

同学对我说：

老师寄语：

家长的话：

收获和体会

"决战24点"主题实践活动结束了，大家肯定有不少的收获和感想吧？那么，把你的收获写下来吧！

■ **我的收获**

数 独

本主题适用于1—6年级学生

数独（英语：Sudoku）是一种逻辑性的数字填充游戏，玩家须将数字填进每一格，而每行、每列和每个宫（即3×3的大格）有1—9所有数字。游戏设计者会提供一部分的数字，使谜题只有一个答案。一个已解答的数独其实是一种多了宫的限制的"拉丁方阵"，因为同一个数字不可能在同一行、列或宫中出现多于一次。

📖 **课题启航**

我想知道数独的游戏规则。

我想知道世界上有哪些国家有数独比赛，世界冠军是谁。

我想知道数独与九宫格有什么关系。

我们可以根据刚才大家讨论的内容来确定活动主题，也可以找兴趣相同的同学一起组成研究小组哦！

（1）调查组：调查小学生玩数独的情况。

（2）收集组：收集数独比赛的相关资料。

（3）实践组：玩数独游戏。

（4）宣传组：介绍、推广"数独"。

……

> 可以选择其中的一个或两个方面进行活动哦！

💬 **实践之路**

◆ 调查了解 知现状

查阅资料

数独比赛

目前国际、国内比较重要的数独比赛有：

……

数独比赛的冠军有：

……

资料读后感

讲故事

同学们，通过查阅资料，你认识了哪几位数独冠军呢？我们来讲讲他们的故事吧！

数独冠军——×××

可以介绍数独世界冠军的故事，也可以介绍你所在班级数独冠军的故事。

听完数独冠军的故事，你受到了什么启发？

◆ 坚持练习 变聪明

和自己有个约定，坚持"数独21天"小计划！

我要从易到难慢慢练。

我要找个对手来挑战。

我要和自己比，每天提高速度和效率。

📋 成果展示

通过实践活动，我们能不能将研究成果展示给全校师生和家长看呢？

> 我想做个PPT，以图文并茂的方介绍什么是数独。

> 我们要把数独冠军的故事打印出来，和大家分享。

> 我们要向同学推荐几部介绍数独的书，让大家阅读。

> 我们要继续玩数独。

📖 评价乐园

我对自己说：
同学对我说：
老师寄语：
家长的话：

收获和体会

通过"关于数独的那些人和事"主题实践活动，大家肯定有不少的收获和感想吧？那么，把你的收获写下来吧！

■ **我的收获**

魔 方

"魔方"（Magic Cube），是匈牙利建筑学教授、雕塑家厄尔诺·鲁比克（Ernö·Rubik），于1974年发明的机械益智玩具，被称为鲁比克魔方。自发明以来，魔方在全世界已经售出了1亿多只。魔方与中国的"华容道"、法国的"单身贵族"（独立钻石棋）同被称为智力游戏界的"三大不可思议"。

课题启航

我们可以根据刚才大家讨论的内容来确定活动主题，也可以找兴趣相同的同学一起组成研究小组哦！

（1）调查组：调查人们对魔方的喜爱程度。

（2）实践组：学习魔方游戏规则，组织魔方大赛。

（3）收集组：魔方的来历、各类比赛资料。

（4）宣传组：介绍、推广"魔方"。

……

可以选择其中的一个或两个方面进行活动哦！

💬 **实践之路**

◆ 调查了解　知现状

查阅资料

魔方的演变

我通过……知道了魔方的演变：

以前……

后来……

现在……

资料读后感

调查一下

大家对魔方了解多少呢？让我们开展一次问卷调查吧！

"翻转的魔方"的问卷调查

您好！我们是××小学×年级学生，我们正在开展关于"魔方"综合实践活动，我们想知道您对"魔方"的了解情况，希望得到您的合作，谢谢！

1. 您玩过"魔方"吗？　　　　玩过（　　）　　没玩过（　　）

2. 您支持小朋友玩"魔方"吗？　　支持（　　）　　不支持（　　）

3. 您觉得玩魔方会给大家带来哪些影响？

◆ 组织比赛　巧安排

小组讨论，魔方有哪些玩法？怎样在班级组织一场"翻转的魔方"的比赛？

要考虑的事情可真多呀！

成果展示

通过实践活动，我们能不能将研究成果展示给全校师生和家长看呢？

📖 **评价乐园**

我对自己说：

同学对我说：

老师寄语：

家长的话：

收获和体会

通过"翻转的魔方"主题实践活动，大家肯定有不少的收获和感想吧？那么，把你的收获写下来吧！

■ **我的收获**

华容道

本主题适用于 1—6 年级学生

"华容道"是古老的中国民间益智游戏，以其变化多端、百玩不厌的特点与魔方、独立钻石棋一起被国外智力专家并称为"智力游戏界的三个不可思议"。它与七巧板、九连环等中国传统益智玩具一同被称为"中国的难题"。华容道原是中国古代的一个地名，相传当年曹操曾经败走此地。由于当时的华容道是一片沼泽，所以曹操大军要割草填地，不少士兵更惨被活埋，惨烈非常。游戏"华容道"有一个带20个小方格的棋盘，移动各个棋子，帮助"曹操"从初始位置移到棋盘最下方中部，从出口逃走。不允许跨越棋子，还要设法用最少的步数把"曹操"移到出口。历史上的曹操逃出华容道的最大障碍是关羽，关羽立马华容道，一夫当关，万夫莫开，因此"关羽"与"曹操"当然是解开这一游戏的关键。4个"刘备"军兵是最灵活的，也最容易对付，如何发挥它们的作用也要充分考虑。

📖 **课题启航**

我想知道华容道是谁发明的。

我想知道华容道的游戏规则。

我想知道华容道有哪几种解法，哪种最好。

我们可以根据刚才大家讨论的内容来确定活动主题，也可以找兴趣相同的同学一起组成研究小组哦！

可以选择其中的一个或两个方面进行活动哦！

（1）调查组：调查人们对华容道的了解程度。

（2）实践组：学习华容道游戏规则，组织交流活动。

（3）收集组：华容道的历史故事。

（4）宣传组：介绍、推广"华容道"。

（5）创新组：尝试设计类似的游戏。

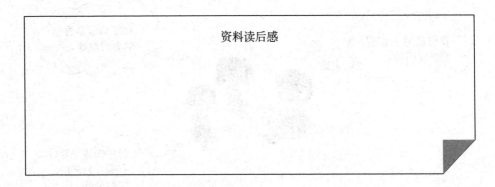

实践之路

◆ 调查了解 知现状

查阅资料

华容道背后的故事

我通过……知道了华容道背后的历史故事：

> 资料读后感

调查一下

大家对"华容道"了解多少呢？让我们开展一次问卷调查吧！

"华容道"的问卷调查

您好！我们是××小学×年级学生，我们正在开展关于"智取华容道"综合实践活动，我们想知道您对"华容道"的了解情况，希望得到您的合作，谢谢！

1.您玩过"华容道"吗？　　玩过（　　）　没玩过（　　）

2.您支持小朋友玩"华容道"吗？　　支持（　　）　不支持（　　）

3.您知道哪些与华容道相关的历史故事？

◆ 玩华容道 巧设计

小组讨论，"华容道"有哪些玩法？怎样设计一款类似的新游戏呢？

要考虑的事情可真多呀！

成果展示

实践活动结束后，我们能不能将研究成果展示给全校师生和家长看呢？

评价乐园

我对自己说：

同学对我说：

老师寄语：

家长的话：

收获和体会

通过"智取华容道"主题实践活动，大家肯定有不少的收获和感想吧？那么，把你的收获写下来吧！

■ **我的收获**

公交车上的数学

本主题适用于4、5、6年级学生

乘坐公交车出行，环保、低碳、健康生活，公交车方便你、我、他！每辆公交车的运载量是多少？公交车平均运行速度是多少？公交车几点发出？车费多少？路线如何安排？你能否用数学的眼光来看看你熟悉的公交车？让我们一起走进"公交车上的数学"。

课题启航

我想知道公交车上的每一个数字分别表示什么意思。

我想知道公交车发出时间与间隔的关系。

我想知道公交车的票价是怎么确定的。

我们可以根据刚才大家讨论的内容来确定活动主题，也可以自己找确定感兴趣的问题来研究，也可以找兴趣相同的同学一起组成研究小组哦！

（1）运行路线调查组：调查公交车运行路线安排。

（2）票价研究组：了解公交车票价情况，对比不同交通工具的票价。

> 可以选择其中的一个或两个方面进行活动哦！

（3）采访组：走进公交公司采访相关问题。

（4）客流量统计组：了解公交车客流情况。

……

💬 实践之路

熟悉的东西，未必了解。让我们走出教室，走进生活，用数学的眼光来发现生活中的奥秘吧！

参观公交公司

想一想，公交车如何在一座城市顺畅运行？让我们走进它的指挥中心——公交公司看一看吧！

同学们在工作人员的介绍下，可以了解公交车调度、车次安排、车票定价等相关知识。你们可要仔细听哦！

> 要想去参观，一定要取得对方的同意哦，别忘了注意安全！

调查一下

我校师生乘坐公交车的情况如何呢？有哪些方面的需求？让我们开展一次问卷调查吧！

"乘坐公交车情况"的问卷调查

您好！我们是××小学×年级学生，我们正在开展关于"公交车上的数学"综合实践活动，我们想知道您乘坐公交车的基本情况，希望得到您的合作，谢谢！

1. 您乘坐公交车上学、上班吗？

每天（　　）　　　偶尔（　　）　　　从来没有（　　）

2. 您乘公交车等待的时间？

10分钟以内（　　）　　　10—20分钟（　　）　　　30分钟以上（　　）

3. 您对公交车公司有哪些意见或建议？

动手做

制作校园周边公交车发车时刻表及运行图

为了方便老师和同学乘坐公交车，我们来制作一张我校周边公交车发车时刻表及运行图。

公交车途经学校时刻表及运行图

（　　）路车：
途径学校时间：
经过站名：

利用课余时间，大家把制作好的时刻表分发给需要的老师和同学吧！

观察与思考

在我校公交车站观察客流量，利用统计图表收集整理信息，并进行数据分析，提出合理化建议。

还可以把观察记录写成观察日记哦！

我的观察记录

时间段	客流量

调查公交车票价，设计出行方案

调查了解公交车收费情况及线路安排，设计合理的出行方案。

成果展示

实践活动结束后，我们能不能将研究成果展示给全校师生和家长看呢？

我想做个PPT，以图文并茂的方式展示给同学们看。

我们要展示校园周边公交运行情况，帮助同学设计合理的出行方案。

我们来分享一些乘坐公交车的安全小攻略。

我们可以根据研究调查的结果给公交公司提建议。

评价乐园

我对自己说：

同学对我说：

老师寄语：

家长的话：

收获和体会

通过"公交车上的数学"主题实践活动，大家肯定有不少的收获和感想吧？那么，把你的收获写下来吧！

■ **我的收获**

数学学具

本主题适用于 1—6 年级学生

数学学习的过程中，一定少不了学具的帮忙！直尺可以画线，圆规可以画圆，三角板可以画角，小棒可以用来数数，小小的正方体可以帮助我们认方向……学具的好处说也说不完。但是，在使用学具的过程中，有时我们也发现了一些不方便，你能不能自己动手改造或者设计一款新学具呢？动脑筋想一想，学习过程中，有哪些学具让你感觉到不方便或困难呢？把你想到的问题记录下来！

📖 **课题启航**

我想直尺能不能可以伸缩。

我想三角板能否有其他的度数。

我想知道小正方体是否可以自由拼接。

发明之泉

好的问题是创造发明的源泉，动脑筋想想哪些学具使用起来不方便，请记

下你的发现：_____

_____

_____

　　我们可以根据刚才大家讨论的内容来确定活动主题，也可以找兴趣相同的同学一起组成研究小组哦！

　　（1）改造组：改造一款学具。

　　（2）创新组：设计一款新的学具。

　　……

> 可以选择其中的一个或两个方面进行活动哦！

💬 实践之路

◆　定目标　巧改良

拟定思路

　　问题是发明的第一步，接下来就要想一想如何解决这些问题。比如，人们觉得手拉窗帘不方便，就改良它，设计出了电动窗帘。

改良技巧

1. 原有物品加一加：你想把……学具和……学具组合在一起。

2. 原有物品减一减：你想把……学具……功能删除。

3. 原有物品变一变：你想把……学具……功能改变一下。

```
                     你的方案


```

动手实践

◆　动手实践　找灵感

　　小组讨论方案是否可行，还需要做哪些准备？

根据你的方案行动起来吧!

泡泡工具实验室

挑战泡泡工具的材料:

设计图:

预期结果:

实验结果:

成果展示

实践活动后,我们能不能将研究成果展示给全校师生和家长看呢?

我想做个PPT，以图文并茂的方式展示给同学们看。

我们打算做一个产品介绍的展板。

举办一次学具设计展示活动。

把我们发明过程中发现的问题和积累的经验整理出来与大家分享。

评价乐园

我对自己说：

同学对我说：

老师寄语：

家长的话：

收获和体会

通过"数学学具巧设计"主题实践活动，大家肯定有不少的收获和感想吧？那么，把你的收获写下来吧！

■ **我的收获**

明数理　讲道理

——"争当讲理好龙娃"系列活动

我校作为罗鸣亮老师主持的教育部重点课题"基于深度学习的说理课堂的实践研究"的实践单位，为了更好地检验说理课堂的实践成果，激发学生学习数学的兴趣，培养学生的理性精神，提高学生的数学素养，自2019年12月起，我校以校本课程之"数学嘉年华"为平台，每年举办一届"争当讲理好龙娃"小学数学说理比赛，每年寒暑假还会不定期面向全校开展"龙娃说理征集活动"。丰富多彩的展示活动极大地激发了学生参与说理的兴趣，培养了学生的说理意识，提升说理能力，从而促进了学生综合素质的发展。我们以拓展性课程的形式，每学期组织开展学生说理活动。

"讲理好龙娃"说理大赛

参加"讲理好龙娃"说理大赛的5、6年级选手首先要通过各班的海选。海选之后，每班选派5位选手参加校级争当"讲理好龙娃"说理大赛的预赛。预赛采用纸笔测试的形式，每位选手需在30分钟内完成说理题，评委老师从说理是否"言之有物""言之有序""言之有力""言之有理"这几个角度，根据选手的答题情况由高分到低分依次选出6名选手参加决赛。

进入决赛的选手，进行现场的说理展示，并需与由16名在初赛表现突出的说理精英组成的"龙娃评理团"进行互动答辩。

评委老师将根据选手的现场表现分别评出金、银、铜奖，在答辩中表现突出的"龙娃评理团"成员将获得"讲理好龙娃"专属书签。

"龙娃讲理征集令"

除了一年一度的"数学嘉年华"中的说理大赛外，我校还不定期在寒暑假发布"说理征集令"，组织全校1—6年级的学生开展数学说理活动。

> ※说理征集令※
>
> **问题：要2个还是要1个？**
>
> 一张蛋糕券可以领取2个4寸或者1个8寸的彩虹蛋糕，你认为怎样领比较划算？如果可以领取3个4寸呢？请说说其中的道理。

※说理征集令※

问题：变还是不变？

把一个长方形框架拉成一个平行四边形，它的周长和面积有变化吗？为什么？

※说理征集令※

问题：为什么不变？

为什么小数的末尾添上0或去掉0，小数的大小不变？

※说理征集令※

问题：为什么反而小？

为什么分子相同时，分母越大分数反而越小呢？

※说理征集令※

问题：为什么必须小？

余数为什么必须比除数小？

※说理征集令※

问题：为什么大？

为什么两位数一定比一位数大？

龙师附小2021年"讲理好龙娃"小学数学说理征集令

亲爱的同学们：

你们好！

愉快的暑假即将开始，回想这一年的学习过程，在数学知识海洋畅游的过程中，聪明的你脑海中一定涌现过许许多多的"为什么""是什么"，比如数学是什么？为什么数字只有0-9……把你对问题的思考大胆地说出来吧！欢迎参加我校2021年"讲理好龙娃"小学数学说理活动！

参加办法：

1. 自选说理题目，借助黑板或者电脑进行说理。

2. 录制说理小视频（要求：5分钟以内），视频封面要写清班级、姓名。

3. 将视频在规定时间内发送到指定邮箱。

你的数学大朋友
2021.6.28

附：2021年选题参考

1年级

1. 为什么两位数一定比一位数大？

2. 所有形状的纸对折后，两边都会完全重合，对吗？说说理由。

3. 34+20和34+2的计算方法有什么不同？

4. 100在计数器上就拨1个珠子，99在计数器上要拨18个珠子，为什么还是100更大呢？

5. 七巧板中为什么没有长方形？

6. 买1支1元的钢笔可以怎样付钱？你能想出几种付钱的方法，说说你的想法。

2年级

1. 余数为什么要比除数小？

2. 用一张长12厘米、宽8厘米的长方形纸折正方形，最大的正方形的边长是多少厘米？说说你的理由。

3. 不计算，你能比出24+30+41和23+44+29谁的计算结果大吗？说说你的理由。

4. 计算加减法为什么要相同数位对齐，从低位算起？

3年级

1. 在混合运算的世界中，可以没有小括号吗？为什么？

2. 为什么乘法口诀编到9就不编了？

3. 为什么0除以任何不是0的数都得0？

4. 不计算, 你知道12×14的结果比12×13的结果多多少吗? 请说明理由。

5. 已经学习了周长, 为什么还要学习面积?

6. 为什么长方形的面积等于长乘宽?

4年级

1. 为什么运用乘法结合律, 改变了运算顺序但是结果不变?

2. 为什么在小数部分的末尾添0减0, 小数的大小不变?

3. 为什么等边三角形一定是锐角三角形, 而等腰三角形可能是锐角、直角或者钝角三角形?

4. 量角器为什么需要两圈刻度?

5. 为什么一个三角形中可以有3个锐角, 却最多只能有1个直角或者1个钝角?

5年级

1. 为什么判断一个数是不是5的倍数, 只看个位, 其他数位都不用看?

2. 为什么判断一个数是不是3的倍数要看各个数位上数的和?

3. 为什么商的小数点要跟被除数的小数点对齐?

4. 为什么说梯形的面积公式是万能的, 不但可以求梯形的面积, 还能求平行四边形和三角形的面积, 甚至可以求呈梯形堆放木头的根数?

5. 假分数"假"在哪?

6. 同分母分数相加减时, 为什么只要分子相加减, 分母却不变呢?

6年级

1. 我们已经学习过整数、分数、小数, 为什么还要有百分数?

2. 车轮为什么是圆的呢?

3. 400米跑的比赛为什么运动员的起跑线不在同一条直线上?

4. 等底等高的圆柱和圆锥, 为什么圆锥的体积不是圆柱的?

5. 利息一定比本金少吗? 为什么?

学生说理活动的有效开展离不开教师的精心指导。每一次说理的活动的开展过程中，教师要抓住以下几个关键点开展工作。

1. 活动前，说理话题巧设计

在说理活动正式开展之前，教师要精心选择说理主题。一般我们会立足数学教材，进行说理主题的开发。我们一方面会沿着对知识"追根溯源"的路径去深挖指向知识本质的说理题，如"余数为什么必须比除数小""为什么0乘任何数都得0"等；我们还会通过深挖教材中的"你知道吗""星号题"这些栏目内容进行说理题的开发，如以5年级下册"你知道吗：判断一个数是不是2或者5的倍数为什么只用看个位"为题，引导学生运用画图等与课本不同的表现形式进行说理。

2. 活动中，说理内容巧指导

在说理活动过程中，学生独立思考后，呈现说理作品，教师要从说理的内容、方式、表达的状态等角度进行评价。教师可以通过微信、QQ群、书信等途径对学生的说理视频进行指导，教师精心指导是提高学生说理水平的有效保证。笔者通过电子邮件指导学生修改说理作品，如下：

子樱同学：

你好！

老师看了你录制的说理小视频，不由得要为你点赞，真是太棒了！听妈妈说，通过这次说理活动你还自己研究出了录屏的方法，真是太了不起了！视频录制整体效果也很不错，为了能更好地展示你的风采，老师提出以下几点建议供你参考：

1. 服装：不用穿白西装，白衬衫加背心或者白衬衫就好，要戴红领巾。（这很可能也是你戴着红领巾参加的最后一场数学活动了。）

2. 自我介绍时，站着说，放松自然，就像你在学校参加现场比赛那样就非常棒！注意说清学校的全称，如"我是龙溪师范学校附属小学六年一班的张子樱"。

3. 课件调整：

第1处：

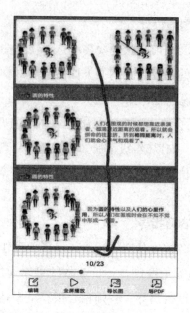

把有圆有方的那张移到下面，圆的特征都说完后，要加一句"如果是正方形就不是这样了，围观的人到中心点的距离不相等，人们就会觉得不公平。"

第2处：

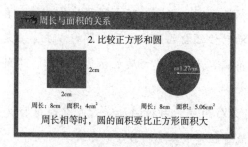

这页数据有错，一定要改！按照下面的数据改就可以了。

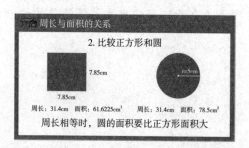

第3处：观众感受第一幅有圆有方的删除。

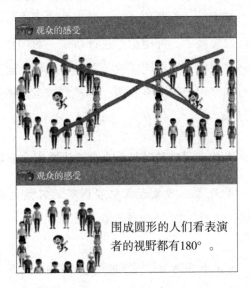

4.总结部分。

讲到这张时，你要对前面说的内容做个总结，总结自己的观点。你可以这样说："我想，以上这三点就是人们在围观时会自然地围成一个圆的主要原因。今天我的说理到此结束，谢谢大家！"

最后，注意一下语言的衔接和过渡，在保持激情的基础上把话很自然地说清楚，（就像你在学校现场比赛时的那样）就很棒！

子樱，加油！

祝

成功！

邹老师

2020.4.26

3.活动后，说理成效巧点评

每一次说理活动结束后，教师要及时对学生的说理进行有针对性的评价。可以学生在班级进行说理展示，并组织学生评审团，对同伴的说理进行互动点评。对于在说理活动中表现突出的同学要及时进行表彰，通过公众号、美篇等途径对活动进行及时的宣传报道。在班级、学校形成浓厚的说理氛围。

附1：学生说理文稿

为什么人们在围观的时候总会自然地围成一个圆？

通过观察生活中的现象，我发现人们在围观的时候总会自然地围成一个圆。根据所学的知识，从以下3个方面进行数学说理：

一、圆的特性

在同一个圆里，有无数条半径，它们的长度都相等，而正方形、长方形或者三角形都没有这样的特征。人们在围观的时候，都想靠近表演者，都渴望近距离地观看，所以就会拼命地往里挤，挤到相同距离时，人们就可以心平气和观看了。因为圆的特性以及人们的心理作用，所以人们在围观时会在不知不觉中形成一个圆。

二、周长与面积的关系

周长相等时，圆的面积要比正方形面积大。举例计算：

周长：31.4cm
面积：61.6225cm^2

周长：31.4cm
面积：78.5cm^2

周长相等时，圆的面积最大站成圆形，能给表演者最大的表演空间。

三、观众的感受

围成正方形站在4个角的人们最多只有90°的视野，如果三角形或长方形的话也是一样，站在角上的那些人都会有部分视线被遮挡住。围成圆形，人们看表演者的视野都有180°。人们为了更大范围、更轻松地看表演，就自然围成圆形了。

（说理小达人：龙溪师范学校附属小学　张子樱）

为什么七巧板中没有长方形？

一、介绍七巧板的组成，提出困惑

七巧板由5个三角形、1个正方形和1个平行四边形组成，其中三角形有2个大的，1个中的和2个小的。为什么七巧板中没有长方形呢？

二、多角度解决问题

1. 七巧板有多种方法可以拼出长方形。

3个图形拼 4个图形拼　　　　　　　5个图形拼

还有其他很多方法也能拼出长方形，因此我得出结论：七巧板不需要长方形。

2. 反思追问，提出新的困惑：用七巧板也能拼出正方形和三角形，为什么正方形和三角形能出现在七巧板中呢？

3. 查阅资料，寻找答案。

播放视频：七巧板的由来

　　　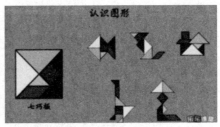

再思考：如果七巧板中没有正方形和平行四边形会怎么样呢？

如果没有了正方形和平行四边形，七巧板中只剩三角形，那就不丰富了。

（说理小达人：龙溪师范学校附属小学　吴　悠）

附2：盘点学生说理资源包

说理征集令1 要2个还是要1个？

一张蛋糕券可以领取2个4寸或者1个8寸的彩虹蛋糕，你认为怎样领比较划算？请说说其中的道理。

说理征集令2 多或少了多少？

小明把$0.6×（□+0.8）$算成了$0.6×□+0.8$，这样得到的结果与正确结果相比，是多了还是少了？请说明理由。

说理征集令3 是否有道理，为什么？

在青年歌手大奖赛中，采取"去掉一个最高分，去掉一个最低分，再计算平均分"作为选手的最后得分的评分办法。说说这么做理由。

说理征集令4 为什么这样做？

为什么车轮要做成圆形的？车轴应该安放在哪里？

说理征集令5 这个游戏规则公平吗？

淘淘获胜的可能性大还是输的可能性大？说说你的理由。

说理征集令6 小明的说法对吗？

一次数学小组活动中，小明给大家出了这样一道难题："我家在学校北偏东45°方向的2千米处，书店是在学校北偏西15°方向的2千米处，所以我家到学校与到书店的直线距离恰好是相等的。"请判断小明的说法是否正确并说明理由。

说理征集令7　到底几点了？

星期日，菲菲到蓝猫家去玩，玩着玩着，想知道现在的时间，刚抬起头，从镜子中看见了挂钟显示的是六点半，聪明的菲菲眼珠一转，就知道了真实的时间。请说说理由。

说理征集令8　哪个公司的条件更优厚？

有两则招工启事，其中A公司的工资采用年薪制（以一年为单位定工资标准），起薪（开始工作的工资）为每年20000元，以后逐年增加，每年增加600元；而B公司采用半年薪制（以半年为单位定工资标准）其薪为每半年10000元，以后每半年增加一次，每次增加200元。请判断哪个公司的薪酬更优厚，并具体地说说道理。

说理征集令9　谁说得对？

一件商品，先涨价1/8，再降价1/8，小红说价格不变，小明说价格降低了。请判断他们谁说的对并说明理由。

说理征集令10　周长可能是多少？

从两根7厘米，两根2厘米和两根1厘米的小棒中选3根围成1个等腰三角形，请写出解答过程，用你喜欢的方法加以说明。

说理征集令11　这种说法对吗？

射线和线段都是直线的一部分。试着说明理由。

说理征集令12　你认为对吗？

我们都知道，边长为100米的正方形的土地它的面积为10000平方米，那么是不是只有边长为100米的正方形的面积才是10000平方米？请说明理由。

说理征集令13　你认为这个游戏公平吗？

小明和小红玩游戏，游戏规则是，将分别写有数字1，2，3，4，5的5张卡片先放在一个盒子里搅匀，然后随机抽取两张，把这两张卡片上的数字相加，如果其和为奇数，则小明获胜；如果其和为偶数，则小红获胜。谁容易获胜？请说明理由。

说理征集令14　怎样围面积最大？

用22根1米长的木条围成一个长方形花圃，你打算怎样围？请说说你的理由。

说理征集令15　你能说明∠₁+∠₂=∠₄吗？

如图，把三角形ABC的边BC延长到点D。结合图形试着说说你的理由。

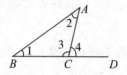

说理征集令16　军军算对了吗？

军军计算一道三位数乘两位数的题：168×23，笔算过程如下图。你能说说理由吗？

$$
\begin{array}{r}
168 \\
\times\ 23 \\
\hline
504 \\
336\ \ \\
\hline
840 \\
\end{array}
$$

说理征集令17　为什么是圆？

人们在围观的时候为什么会自然而然地站成一个圆圈？

说理征集令18　为什么只要看个位？

判断一个数是不是2或5的倍数，为什么只要看个位上的数就可以了？

说理征集令19　为什么没有其他度数？

一副三角板角3个角的度数分别是90°、30°、60°和90°、45°、45°，为什么没有其他度数？

说理征集令20　为什么这样算？

请试着说明为什么梯形的面积=（上底+下底）×高÷2。

说理征集令21　变还是不变？

把一个长方形框架拉成一个平行四边形，它的周长和面积有变化吗？为什么？

说理征集令22　为什么不变？

为什么小数的末尾添上0或去掉0，小数的大小不变？

说理征集令23　为什么反而小？

为什么分子相同时，分母越大分数反而越小呢？

说理征集令24　为什么必须小？

余数为什么必须比除数小？

说理征集令25　为什么大？

为什么两位数一定比一位数大？

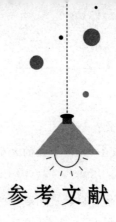

参考文献

［1］罗鸣亮. 做一个讲道理的数学教师［M］. 上海：华东师范大学出版社，
2017.

［2］陈淑娟. 核心问题引领下的说理课堂［M］. 沈阳：辽宁大学出版社，2021.

［3］余文森. 有效教学十讲［M］. 上海：华东师范大学出版社，2009.

［4］崔永胜，崔永. "先学后教"教学模式的探索［J］. 延边教育学报，
2007，21（3）：61-62.

［5］余文森. 课堂有效教学的理论与实践［M］. 北京：北京师范大学出版社，
2011：118-128.